Hilde Kappesz

Kreatives Leben mit Kindern

praxisbuch kindergarten

Hilde Kappesz

Kreatives Leben mit Kindern

Der Situationsansatz im Kindergartenalltag

Herder Freiburg · Basel · Wien

Einbandfoto: © Arnold Brunner, Horben
Textfotos: Aus dem Archiv der Autorin

Zweite Auflage

Herstellung: Freiburger Graphische Betriebe 1994
ISBN 3-451-23357-6

Inhalt

Warum ich dieses Buch geschrieben habe – Vorbemerkung

Bestimmt fragen sich viele, wie es dazu kommt, daß eine Erzieherin eine Konzeptionsentwicklung in einem Buch festhält.

Ich bin überzeugt, daß viele von Ihnen über eine festgeschriebene Konzeption in Ihrer Einrichtung verfügen und Ihren Weg gehen, der Ihnen behagt oder auch Unzufriedenheit aufkommen läßt. Jede Einrichtung sollte einen eigenen Weg gehen, und ich möchte in diesem Buch niemanden unseren Weg, d.h. unser Konzept, als das „einzig wahre und richtige" aufdrängen oder es als solches darstellen. Nein, das wäre nicht in meinem Sinne. Schrittweise habe ich mit unserem Team einen Weg gefunden, der für unsere Einrichtung in unserem sozialen Umfeld verwirklicht wird und sich mitten im weiteren Entwicklungsprozeß befindet. Unseren Kindern, Eltern und uns Erzieherinnen geht es dabei gut und oft besser als früher. Meine Erkenntnisse sind die, daß jede Erzieherin selbst wissen muß, was, wie, wann und ob sie überhaupt etwas verändern möchte. Sollte eine Erzieherin zufrieden sein mit ihren Arbeitsbedingungen und ihrer Leistung, d.h. der Art und Weise, wie sie mit den Kindern klar kommt, würde ich dieser raten, überhaupt nichts zu verändern. Es sollte kein „Modetrend" sein, eine neue Arbeitsweise einzuführen, sondern eine Anpassung an die Lebenswirklichkeit unserer Kinder, dort, wo sie notwendig ist.

Mein Vorgehen nach dem funktionsorientierten Ansatz bis zur Veränderung möchte ich nachträglich auf keinen Fall schlicht negativ beurteilen. Die Anregungen, Impulse und Ideen, die alle aus meinem eigenen Vorgehen kommen und sich dabei bewährt haben, sollen Ihnen helfen, Ihr pädagogisches Handeln, Ihre Arbeit zu hinterfragen und zu durchleuchten. Auch wenn Sie einiges anders handhaben, sollen Sie nicht das Gefühl erhalten, es deswegen falsch zu machen.

Sollten Sie bereit sein, einiges zu verändern, möchte ich Ihnen mit einigen ganz konkreten Hilfestellungen und Überlegungen zur Seite stehen und Sie schrittweise begleiten.

Wenn ich von unserer Einrichtung spreche, gehe ich von einem ganz „normalen“ Kindergarten aus, der alle Höhen und Tiefen der Alltagsprobleme vorher und auch jetzt durchzustehen hat. Ich möchte folgendes erläutern: Wenn ich von unseren aktiven Eltern berichte, bezieht sich das immer nur auf einen Teil der Elternschaft. Unser Elternbeirat hat sich sehr positiv mit dem Konzept entwickelt, aber alle Eltern werden wir auch damit nie erreichen. Ausschlaggebend für unsere Einrichtung war die Beteiligung am Projekt „Landkindergarten“ des Deutschen Jugendinstitutes München. Dieses praxisbezogene Forschungsprojekt wurde in Kooperation mit dem deutschen Caritasverband im Zeitraum vom 1.1.87 bis zum 31.12.89 durchgeführt.

Verschiedene Themenbereiche wurden angegangen, und für mich stellte sich immer wieder die Kernfrage: Paßt unser Kindergarten mit seiner inhaltlichen Arbeit in unser soziales Umfeld? Werde ich damit unseren Kindern gerecht?

Wir kamen in Kontakt mit dem „Situationsansatz“ und dessen offener Planung, mit dem wir unsere Arbeit in einem anderen Licht betrachteten und hinterfragten.

Je länger wir uns in diesem Prozeß befanden, Kritik üben und ertragen lernten, desto mehr war eine Entwicklung des „Sich-Öffnens“ innerhalb des Teams erkennbar. Der weitere Schritt war, sich den Kindern gegenüber zu öffnen, den Umgang zu verändern, und allmählich wurden auch die Eltern einbezogen.

Auf einer bestimmten Entwicklungsstufe erkannten wir, daß unser Konzept nichts anderes als ein „kreatives Leben mit Kindern“ bedeutet. In diesem Buch wird geschildert, was wir getan haben, weshalb und welche Konsequenzen wir daraus zogen.

1 Warum brauchen wir eine Konzeption?

Jeder Handwerker weiß, wie er vorgehen muß, hat er den Auftrag, etwas herzustellen oder zu reparieren; eine Sekretärin erhält ihre Arbeitsaufträge vom Chef, bei Ärzten, Rechtsanwälten u.a. ergeben sich ihre Arbeitsanforderungen klar aus den Anliegen der ratsuchenden Klienten. In fast allen Berufen sind die Arbeitsaufgaben definiert.

1.1 Wie sieht es im Beruf der Erzieherin aus?

Sie hat Kinder zu erziehen und zu beaufsichtigen. Die offiziellen Aufgabenbeschreibungen sind allgemein und enthalten keine konkreten Handlungsanweisungen. Es steht nirgends geschrieben, daß Kindergartenkinder Laternen basteln oder Schneemänner malen sollen oder daß die Erzieherin ein bestimmtes Bilderbuch betrachten soll. Vorhandene Aufgabenbeschreibungen bleiben so offen, daß vielerlei Möglichkeiten der Arbeitsgestaltung darunter fallen können. Das bedeutet, wir als Erzieherinnen haben wenig konkrete Anhaltspunkte. Somit bleibt dem Team und der einzelnen Erzieherin viel Entscheidungsspielraum.

1.2 Woher nehmen Erzieherinnen ihre Entscheidungsmaßstäbe?

Es gibt viele Situationen, in welchen die Erzieherin spontan und intuitiv entscheidet, oder sie läßt sich von Besonderheiten der Rahmenbedingungen leiten. Sicher kann sie die Tage auch ohne Konzept angehen und einzelne Themen umsetzen, z.B. wenn ein Kind sich wehgetan hat, wird es getröstet, wenn draußen der erste Schnee gefallen ist oder der erste schöne Sommertag lockt, wird sie den Tag möglichst im Freien verbringen.

Dies können angemessene Entscheidungen sein.

In manchen Situationen werden Entscheidungen von Besonderheiten im Kindergartenalltag bestimmt: es fällt eine Kollegin aus, die Gruppe muß mitgeführt werden. Diese Erzieherin ist froh, wenn so ein Tag einigermaßen über die Bühne geht, ohne daß die Kinder und sie selbst zu sehr unter der Situation leiden.

Der überwiegende Teil der Woche ist geplant. Kolleginnen überlegen, was man in nächster Zeit Sinnvolles mit den Kindern machen könnte. Zunächst werden Vorschläge gesammelt, wird in Büchern geblättert, werden bisherige Erfahrungen durchgeforstet, vielleicht hat man bei einer Kollegin im Nachbarkindergarten eine tolle Anregung bekommen. Aus der Vielzahl der Ideen wird ein Thema ausgewählt und für die Umsetzung vorbereitet. Oft gibt es Vorhaben, die nie zu verwirklichen sind, denn der übliche Jahreskreis, Weihnachten, Ostern, Vorbereitungen für Geburtstage usw., das alles ist sehr zeitintensiv. Soll die Kindergartenarbeit kindorientiert ausgerichtet sein, so brauchen wir Kriterien, die uns sagen, welche von den vielen Ideen und möglichen Aktivitäten für eine konkrete Kindergartengruppe bzw. ein Kind zu einem bestimmten Zeitpunkt geeignet sind.

1.3 Brauchen wir in unserer täglichen Arbeit ein Konzept?

Wenn wir den Anspruch haben, uns an den Bedürfnissen, Interessen und Fähigkeiten der Kinder zu orientieren, so benötigen wir Entscheidungskriterien. Solche Entscheidungskriterien zu finden ist ein wichtiges Ziel von Konzeptionsentwicklung. Das heißt, ein Konzept ist keine bloße Sammlung von einzelnen Beschäftigungen für Kinder, nein – es muß viel mehr leisten: Es bildet den roten Faden in der vielfältigen Arbeit, anhand dessen jede einzelne entscheiden kann:

- Was will ich? (Frage nach den Zielen meiner Arbeit)
- Warum will ich das? (Begründung meiner Ziele)
- Welcher Teil ist für mich für eine bestimmte Kindergrup-

pe zu einem bestimmten Zeitpunkt besonders wichtig? (Frage nach der Schwerpunktbildung)
- Welche Wege sind geeignet, meine Ziele zu erreichen? (Methode)

Zudem gibt mir ein Konzept die Möglichkeit, die Konsequenzen meines pädagogischen Handelns zu überprüfen.

Dieser kurze Aufriß zeigt, worauf ein Konzept eingehen sollte, und daß die Entwicklung des Konzeptes von jeder Erzieherin individuell erfolgen muß. Dabei ist die konzeptionelle Arbeit nie abgeschlossen, sondern ein Prozeß ständiger Auseinandersetzung, den jeder selbst kontinuierlich vorantreiben muß.

1.4 Woher nehme ich meine Ziele?

Auf die Frage nach Erziehungszielen fallen uns schnell viele Begriffe ein, Ziele wie Erziehung zu Kreativität, zu Selbständigkeit, zu verantwortungs- und rücksichtsvollem Handeln, zu Kritik- und Konfliktfähigkeit usw.. Sie sind uns allen nicht unbekannt und meistens zu Schlagwörtern entwickelt.

So mancher von uns wurde in der Ausbildung nie nach einer Begründung dieser Ziele gefragt, sie waren selbstverständlich. Die wichtigste Diskussion ging somit nur um das „wie", d.h. um die konkrete praktische Umsetzung dieser Ziele in der täglichen pädagogischen Arbeit. Das ist vielleicht ein Hauptgrund, weshalb wir das „was" und das „warum" in unseren Diskussionen gerne ausklammern.

Fangen wir erst einmal mit Fragen nach dem „was" und dem „warum" an, so werden wir schnell feststellen, daß sich hinter den obengenannten abstrakten Zielformulierungen ganz verschiedene Positionen und Meinungen verbergen können. Wichtig ist beim Prozeß der Zielfindung, auf zwei Ebenen zu achten:

A Es gibt Ziele, die unabhängig von der Situation immer Geltung haben.
B Auf der Grundlage dieser allgemein gültigen Ziele können konkrete Zielsetzungen herausgearbeitet werden,

die der Lebenssituation der Kinder und Familien in ihrem sozialen Umfeld in der jeweiligen Einrichtung entsprechen.

Der Zielfindungsprozeß stellt hohe Anforderungen an alle an der Konzeptionsarbeit Beteiligten. Aber nur unter diesem Aspekt wird es einer Einrichtung gelingen, sich eine eigene Position für ihren spezifischen Kindergarten zu erarbeiten.

1.5 Wie kann ich meine Ziele der konkreten Lebenssituation des Kindes anpassen?

Es gibt verschiedene Wege und Möglichkeiten, Ziele zu formulieren, aber die eigenen Ziele zu konkretisieren ist oft nicht so einfach. Einige Fragestellungen können uns hierbei unterstützen:

1. Wie stehe ich zur Entwicklung der kindlichen Persönlichkeit?

- Welche Bedeutung messe ich der Eigenaktivität der Kinder zu?
- Welche Rolle spielen die alltäglichen Erfahrungen im freien Spiel im Vergleich zu eigens geschaffenen d.h. pädagogischen Lernsituationen?
- Welche Rolle habe ich als Erzieherin?
- Welche Bedeutung hat die Kindergruppe für die Entwicklung des einzelnen Kindes?

2. Was brauchen unsere Kinder in der heutigen Zeit für ihre kindliche Entwicklung und welche Aufgaben stellen sich daraus für meine Arbeit?

- Aus welchen Familien kommen die Kinder? (Kleinfamilie, alleinerziehende Eltern, Einzelkinder)
- Was können Kinder von der Erwachsenenwelt erleben?
- Wie erleben Kinder die Naturveränderungen?
- Können Kinder Primärerfahrungen in ihrem natürlichen Lebensbereich machen?
- Was ergibt sich durch die neue Infrastruktur des Einzugsgebietes?

- Welche Erlebnisräume gingen den Kindern verloren?

3. Welche Erfahrungsmöglichkeiten brauchen Kinder für ihre Entwicklung und was können wir zur Verfügung stellen?

- Soziale Erfahrungen in der näheren Umwelt
- Emotionale/soziale Erfahrungen in der Beziehung zur Erzieherin und zu anderen Kindern
- Erfahrungen mit den Elementen Luft, Wasser, Feuer und Erde
- Erfahrungen mit natürlicher Umwelt (Gefahren)
- Erfahrungen mit Tieren

4. Wie können Raumgestaltung und Materialausstattung die kindliche Entwicklung unterstützen?

- Welche Räumlichkeiten stehen den Kindern zur Verfügung?
- Was können sie hier alleine (ohne Aufsicht) mit anderen Kindern/mit der Erzieherin tun?
- Welche Art der Raumgestaltung ist geeignet, um alle Sinne anzuregen?
- Welche Bedeutung haben vorgefertigtes Spielmaterial und Medien im Vergleich zu offenen Materialien?
- Welche Rolle spielen Gegenstände des täglichen Lebens (Haushaltsgegenstände, Werkzeuge, Fundsachen aller Art)?

5. Welchen zeitlichen Rhythmus brauchen Kinder für ihre Entwicklung und wie kann dieser in unserer Einrichtung gewährleistet werden?

- Wie soll der Tagesablauf bestimmt sein?
- Wie kann ich verschiedene Tagesrhythmen der Kinder in den Gruppen in Einklang bringen?
- Wie können Rahmenbedingungen mit äußeren Vorgaben wie Öffnungszeiten, Arbeitszeiten der Eltern/Erzieherinnen, mit den Bedürfnissen der Kinder in Einklang gebracht werden?

6. Welchen Beitrag kann die Einrichtung für die Gesundheit der Kinder leisten?

- Art der Ernährung
- Gestaltung der Essenssituationen
- Körperpflege und Hygiene
- Rückzugsmöglichkeiten
- Bewegungsmöglichkeiten
- Raumklima

Sollten die aufgezählten Stichpunkte im Team diskutiert werden, so können sicherlich viele neue Fragen entstehen. Da jede Einrichtung ihre spezifischen Gegebenheiten hat, wird jedes Team andere Schwerpunkte setzen, da Kinder und Eltern verschieden sind. Deshalb ist eine Konzeption auch nie abgeschlossen.

2 Neue pädagogische Wege, um der Enwicklung unserer Kinder gerecht zu werden

Als Erzieherin mit langjähriger Berufserfahrung fand ich es an der Zeit, die Unzufriedenheit in der Arbeit, die Probleme mit Kindern und den Erwartungen der Eltern und manches andere nicht länger hinzunehmen, sondern direkt anzugehen.

Frustriert im Team, entschlossen wir uns, neue Wege zu gehen, vielleicht zeitgemäßere. Und so begannen wir, uns zu fragen:

Was hat sich in unserer Arbeit getan?

Hat sie sich weiterentwickelt?

Wie werden wir den Kindern gerecht?

Leider entspricht der heutige Stellenwert des Kindergartens in unserer Gesellschaft in keiner Weise der tatsächlich geleisteten, pädagogischen Arbeit der Erzieher und Erzieherinnen.

2.1 Haben wir andere Kinder als früher?

Ja, ich würde behaupten, daß wir andere Kinder haben. Die Ruhelosigkeit, die auffälligen Verhaltensweisen einiger, zunehmende Aggressivität u.ä. möchte ich nicht verleugnen. Und ich meine: Wir haben andere Kinder – die sind jedoch nicht besser oder schlechter als die Kinder von vor zwanzig Jahren.

Nur sehe ich für uns die große Aufgabe, neue pädagogische Wege zu finden, um diese anderen Kinder zu erreichen und aufzufangen. Aber kann ich mit einer Arbeitsweise, die meinetwegen vor zwanzig Jahren gelehrt wurde, heute noch unseren Kindern gerecht werden?

Ich möchte nicht behaupten, daß unsere bisherigen Arbeitsmethoden falsch waren, wenn wir uns vielleicht bislang auf den funktionsorientierten Ansatz stützten. Vieles war für jene Zeit gut so.

Nur ist es heute erforderlich, daß wir dazulernen, denn unsere Arbeit muß wichtige, neue Elemente einschließen. Beispielsweise war und ist das Raumteilverfahren nach Martha Schöll keinesfalls verkehrt, nur brauchen unsere Kinder verstärkt Erlebnisfreiräume, die ihnen immer mehr verloren gehen. Oder Planung wurde hauptsächlich zur Wissensvermittlung eingesetzt; Freiräume, die Kinder auf dem Weg zur Entfaltung einer eigenständigen Person unterstützen, sind heute notwendiger als damals. Die meisten Vorgänge im Kindergarten müssen angesichts der neuen Anforderungen kritisch überprüft werden.

2.2 Kompensatorische Aufgabe des Kindergartens

Eine der Hauptaufgaben des Kindergartens bleibt sicher bis heute bestehen, nämlich die Chancengleichheit zu gewährleisten, die allen Kindern möglichst frühzeitig zuteil werden soll. Unsere Aufgabe ist es aber, an der Lebenswirklichkeit unserer Kinder anzuknüpfen und somit die veränderten gesellschaftlichen Rahmenbedingungen nicht außer acht zu lassen. Auch die Vorgabe des bayerischen Kindergartengesetzes „Kindergärten dienen der Erziehung und Bildung" muß man mittlerweile hinterfragen und prüfen, ob diese Begriffe noch ausreichen.

Anhand einer Situationsanalyse (Kap.4) des Umfeldes und der veränderten Familienverhältnisse läßt sich feststellen, daß eine konzeptionelle Weiterentwicklung in den letzten zwanzig Jahren notwendig gewesen wäre. So sind Erzieherinnen aufgefordert, genauer hinzuschauen. Erst dann können sie feststellen, was heute im Kindergarten von den Folgen sozialer Bedingungen kompensiert werden kann bzw. muß. Das Ziel Wissensvermittlung, d.h. Förderung der kognitiven Fähigkeiten, und somit der Intelligenz in Vorbereitung auf die Schule, reicht dies noch aus oder ist es in seiner Absolutheit noch zeitgemäß? Keinesfalls sollen alle traditionellen Zielsetzungen über Bord geworfen werden. Nur ließen unsere Situationsanalysen für unsere Einrichtung Elemente erkennen, die für die Vorbereitung der Kinder auf ihr zukünftiges Leben unverzichtbar sind.

Ich möchte nie behaupten, daß wir unsere Kinder nicht auf die Schule vorbereiten. Nur sind wir kein „Vorzimmer der Schule“, und für mich schließt die Vorbereitung auf das Leben die Schule nicht aus.

Förderung der kognitiven Fähigkeit – das wurde in den letzten Jahren das Schlagwort unserer Kindergartenpädagogik. Anhand unserer Untersuchungen und Analysen im persönlichen Um- und Arbeitsfeld mußten wir erkennen, daß fast jedes Kinderzimmer so gut wie ein Spielzeugladen bestückt ist. Es fehlen keine Wachsmalstifte, Filzstifte, Scheren, Lernspiele, Puppen, Legos usw.. Es ist vieles vorhanden und doch können die meisten Kinder damit nicht mehr richtig spielen, da die Überfülle sie erdrückt.

Untersuchen wir die Wohn-Familienverhältnisse (s. Kap. 4), so zeigen sich folgende Veränderungen:

Früher lebten die Kinder weitgehend in Großfamilien, in denen vielfältig verknüpfte Beziehungen herrschten. Nicht selten leben heute Kinder in Kleinfamilien, in denen die sozialen Beziehungen stark reduziert sind. Die Kinder wurden früher nicht in schmale Spielräume abgedrängt, sondern sie hatten die Möglichkeit, im ganzen Wohnraum und vor allem im Freien auch unbeaufsichtigt zu spielen. Dadurch lernten sie, Kontakte zu knüpfen und ihre Umwelt zu erforschen.

Die wachsende Sozialisierung und Technisierung unserer Leistungsgesellschaft, die zunehmende Arbeitsteilung lassen kaum Möglichkeiten offen, Bezüge zwischen Erwachsenen und Kindern herzustellen.

Um dieser kompensatorischen Aufgabe gerecht zu werden, sollten und müßten unsere Einrichtungen „Lebensraum für Kinder und Erwachsene“ werden. Das Entdecken und Erproben seiner Umwelt ist ein Grundbedürfnis des Kindes. Es sollte die Möglichkeit zum Mitgestalten haben, denn nur so lernt es, daß es auf seine Umwelt einwirken kann, daß diese veränderbar ist.

Auszug aus einem Informationsblatt für unsere Eltern:

„Betrachten wir den Alltag unserer Kinder, müssen wir Erwachsenen uns fragen, welchen Stellenwert das Kind in unserer Gesellschaft hat. Leider müssen wir feststellen, daß Kinder weitgehend aus dem öffentlichen Raum verschwunden sind, daß sie oft ausgegrenzt aus unserem Alltag leben – mitbedingt durch die rasante Verkehrsentwicklung und die veränderten Familienstrukturen. Man kann Kinder nicht mehr ‚einfach laufen lassen', ihr Tagesablauf muß organisiert werden. Das bedeutet, Kinder können im Wohnumfeld kaum noch spontan spielen, sondern sie werden an ‚kindergerechte' Orte wie z.B. zum Kinderturnen, auf Spiele oder zum Musikunterricht gebracht. Das heißt für das Kind eine totale Verplanung, alles wird vom Erwachsenen gesteuert – es wird überhaupt nicht aufgefordert, selbst Entscheidungen zu treffen, zu planen, auszuprobieren usw.. Die Kinder erleben jeden einzelnen dieser ‚Erlebnisorte' gleichsam als eine Insel, ohne Zusammenhang zu anderen Lebensbereichen. Gerade auf diesem Gebiet muß der Kindergarten heute andere d.h. neue Aufgaben wahrnehmen.

Unser Hauptziel ist ‚Kreatives Leben', das ein ‚Lebensnahes Lernen' umfaßt, sich von der Schleichdidaktik des Stuhlkreises enfernt und dafür Lernmöglichkeiten und Erfahrungsraum in der konkreten Lebenswirklichkeit zu schaffen versucht. Lebenssituationen sollen zu Lernsituationen in Sinnzusammenhängen geplant und erfahrbar, erlebbar gemacht werden!

Mit unserem Konzept ‚Kreatives Leben mit Kindern' wollen wir auch eine Grundlage für den christlichen Glauben legen. So ist die Arbeit im Kindergarten auch Gemeinde-/Kirchebildend. Die ganzheitliche Persönlichkeitsbildung sieht unser Träger als Chance einer Erziehung aus christlichem Selbst-/Wertverständnis."

2.3 Vertiefende Gedanken und Fragestellungen

- Wo und wann muß oder kann ein Kind heute Entscheidungen treffen?

Praxisbeispiel:
Im Kindergarten sieht es doch meistens so aus: Der Tagesablauf wird von der Erzieherin festgelegt. Beim Freispiel heißt es: da können drei Kinder spielen, in der Puppenecke vier Kinder, usw.. Die Beschäftigung ist vorbereitet, durchstrukturiert, von der Erzieherin geplant.
Auch zu Hause ist die Verplanung perfekt; wenn möglich besucht das Kind die Musikschule, das Turnen, Ballett.
Selbst der Besuch bei einem Freund muß genau abgesprochen werden. Ob es dem Kind gefällt oder nicht, es ist gezwungen, oft zwei bis drei Stunden zu spielen, da es nicht eher abgeholt wird.

- Wo kann ein Kind sich einen Freund selbst aussuchen, bestimmen, wie lange es mit ihm spielt, wo sie spielen, und womit sie spielen?

- Kann oder darf ein Kind eine kurze Zeit auch ohne Aufsicht spielen?
- Lehren wir unsere Kinder, mit Gefahren umzugehen, oder räumen wir sie aus dem Weg, damit bloß nichts passiert?
- Muß bzw. kann ein Kind im Alltag, in den verschiedenen Lebenssituationen selbst handeln, wenn die Erwachsenen alles durchstrukturieren und die Kinder nur konsumieren?

2.4 Ausgangsüberlegungen zur Entwicklung unseres Konzeptes

Ein Grundgedanke des Situationsansatzes ist es, vor jeder Umsetzung das soziale Umfeld des jeweiligen Kindergartens, seines Einzugsgebietes zusammen mit den Eltern und dem Träger zu erkunden, erst dann kann ein eigenes Konzept für jede Einrichtung entstehen. Diese Idee begeisterte mich und gab mir den Mut, uns auf den Weg zu begeben und „unseren Weg für unsere Einrichtung" zu finden.

Nur gemeinsam mit Eltern, Team und Kindern kann so eine Konzeption erarbeitet werden, und nur so kann das ganze Team, die Elternschaft dahinterstehen und es nach außen vertreten. Es soll nichts anderes als eine Schrift über den eigenen, einrichtungsspezifischen und individuellen Arbeitsansatz sein. Nur sollte diese Arbeitsweise zusätzlich vorgestellt und genau erläutert werden.

Unter dem Aspekt des Situationsansatzes kann eine Konzeption nie festgeschrieben, sozusagen ein „Patentrezept" werden. Nein, zusammen mit den Eltern muß sie permanent auf Verbindlichkeit und Gültigkeit überprüft werden. So ein Konzept entwickelt sich mit der Arbeit, da immer neue Situationen, neue Zusammensetzungen im Team, neue Kinder und Eltern die Arbeit bestimmen.

3 Reflexion der eigenen pädagogischen Arbeit

3.1 Darstellung der pädagogischen Arbeit aus der Sicht eines unzufriedenen Teams

Wir waren ein traditioneller Kindergarten, dem die Rolle der Vorbereitung auf die Schule zugewiesen war. Bis 1987 arbeiteten wir in unserer Einrichtung so wie viele andere Kindergärten, nach ausschließlich von uns Erzieherinnen d.h. Erwachsenen festgelegten Angeboten (Wochen-, Monats-, Rahmenplänen) und nach einem festgelegten Tagesablauf. Wir bastelten viel Vorgegebenes, oft Schablonenhaftes, und wenn möglich, mußten alle Kinder das Gleiche haben. Das Ergebnis sah dann oft so aus: 20 bis 25 gleiche Schneemänner, gleiche Muttertags- und Weihnachtsgeschenke. Und selbst wenn durch die Wetterlage das Thema Regen, Regenschirme aktuell war, wurden Schneemänner gebastelt, da laut Kalender Winter herrschte, auch wenn vom Schnee keine Spur zu sehen war.

Wir hatten ja selbst den Anspruch, daß Kinder Erkennbares-Sichtbares zustande bringen, auch wenn manche Erzieherin mehr als die Hälfte der Arbeit bei den Kleinen korrigierte.

Ein starker Druck entstand durch die Erwartung der Eltern, einen guten Kindergarten vorzufinden, was gleichbedeutend war mit einer Einrichtung, in der die Erzieherinnen ständig neue Bastelideen hervorbringen. Beleuchtet man dieses Phänomen, so kann man feststellen, daß die Erzieherinnen zu dieser Entwicklung d.h. zum Aufbau dieser Erwartungshaltung selbst ihren Beitrag leisten. Viele Erzieherinnen waren bestrebt, von den Eltern die Bestätigung zu erhalten, daß der Kindergarten gut arbeitet, indem jedes Kind das gleiche, professionell ausgearbeitete Bastelobjekt mit nach Hause nehmen kann.

Fazit aus diesem Kreislauf:

- Eltern erwarten nur das, was sie kennen
- Diese Erwartungen geben wir selbst vor; den Druck, den Streß handeln wir uns also selbst ein.
- Die Themen und Angebote werden in der Regel für und weniger mit den Kindern geplant.

Sehr häufig beschäftigen wir unsere Kinder an Tischen (Basteln, Stecksteine, Lernspiele), um ein ruhiges Gruppengeschehen zu erzielen. Die Regeln, die das Geschehen beherrschten, wurden übernommen und weitergegeben, teils weil es immer schon so war und weil wir es schließlich in unserer Ausbildung so gelernt hatten.

Praxisbericht:

Drei bis vier Kinder durften auf dem Bauteppich, zwei bis drei Kinder in der Puppenecke, ein bis zwei Kinder in der Bilderbuchecke spielen. Die Kinder mußten immer fragen, sobald sie den Spielbereich wechselten, sich zum Toilettengang abmeldeten usw.. Dieses Raumteilverfahren nach Martha Schöll war angebracht, nur sind wir heute zum Umdenken bzw. Weiterdenken aufgefordert.

Zum festgelegten Zeitpunkt wurde täglich aufgeräumt, danach lief der Abholkreis, und jeder Tag verging wie der andere. Raum für ein spontanes, selbstorganisiertes Spiel war selten da, nachdem wir Erzieherinnen alles durchorganisiert, durchstrukturiert und den Verlauf des Tages vollständig bestimmt haben.

Fazit:

- Wir Erwachsenen meinen immer am besten zu wissen, wie, wann und wo ein Kind sich wohlfühlen würde.
- Das Kind muß bei einem solchen Rahmen überhaupt nicht mehr mitdenken und mitgestalten. Es bekommt alles zum „konsumieren“ bereitgestellt.

3.2 Der alte Trott – die eingefahrene Arbeitsweise wird unerträglich

Praxisbericht:
Die ewige Planerei (Jahres-, Festekreis), der starre Tagesablauf, die vielen Bastelangebote, die teils Kinder über- oder unterfordern, ließ die Unzufriedenheit des Erzieherinnenteams immer mehr wachsen. Die Erwartungen der Eltern wurden immer anspruchsvoller, für uns teilweise bis zur Unerträglichkeit; wir sahen uns langsam als „Fließbandarbeiterinnen", zusätzlich schien uns die ganze Kindergartenarbeit über den Kopf zu wachsen. Vor lauter Beschäftigtsein, dem Hasten von einem Fest zum anderen, hatte das Team überhaupt keine Zeit, diesen alltäglichen Aktivitätenkreislauf zu reflektieren. Die Zeit des Freispiels mußte zum Vorbereiten der Bastelarbeiten, zum Vorzeichnen und für die Materialsuche verwendet werden.

Aus dieser Zeit der großen Unzufriedenheit stammt ein Brainstorming darüber, wie sich das Erzieherinnenteam ein Arbeiten mit Kindern vorstellt, und wie es gerne mit Kindern umgehen möchte. Dabei kam zur Sprache:

- Den Kindern gerne einmal in aller Ruhe zuhören,
- Zeit für Kinder haben, die traurig sind, um sie zu trösten, oder für Kinder, die andere Probleme haben,
- Beobachtungen führen und diese beschreiben lernen, um so auf einzelne Kinder einzugehen,
- in die Kinder hineinhorchen, was sie interessiert, einmal genau zuschauen, was sie wollen bzw. brauchen,
- spontan mit einzelnen etwas unternehmen, ob gezielt an einem Werk oder als „nur" Blödelei,
- den Kindern das Gefühl vermitteln: „Wir sind für euch da und haben Zeit für euch!"

Das Team hatte also eine andere Vorstellung vom Erziehungsalltag mit Kindern, als er sich in der Realität abspielte. Der Wunsch, anders mit Kindern zu leben und umzugehen, war da, nur einen Auswg aus diesem „Teufelskreis" konnte sich noch keiner vorstellen. Deutlich war der Wunsch:
„Das kann doch unsere Aufgabe nicht sein. Das kann nicht alles sein. Da muß noch mehr möglich sein!"

Nach circa sieben Monaten harter Auseinandersetzung, zahlreicher Diskussionen und Debatten stand für uns fest, daß wir neue Wege gehen wollten. Wir begannen, die vielen Regeln, Rituale, Ge- und Verbote, durch die die Kinder eingeschränkt werden, alle zu hinterfragen. Es ging sogar dahin, daß wir unser individuelles Erzieherinnenverhalten in Frage stellten. Drei wichtige Gesichtspunkte wurden beachtet:

1. Brauchen die Kinder diese Regeln oder die Erzieherin?
2. Sind es Regeln, die schon immer praktiziert wurden, weil es eben so ist?
3. Woher wissen die Erzieherinnen, daß die Kinder bestimmte Regeln brauchen?

Erst dadurch lernten wir, offen miteinander umzugehen, sachbezogene Kritik zu üben. Für eine kontinuierliche Zusammenarbeit im Team erwies sich als der wichtigste Schritt das „Sich-Öffnen" und miteinander den Weg suchen. Wir erkannten auch sehr schnell, daß dies ein Entwicklungsprozeß für uns bedeutet, welcher sich nicht von heute auf morgen verwirklichen läßt, sondern nur schrittweise mit der Arbeit wächst.

Als großer Leitfaden für unsere Arbeit kristallisierte sich aus den ganzen Diskussionen:
Wir wollen unsere Kinder auf ihr zukünftiges Leben vorbereiten.

- Will ein Erzieherinnenteam neue Wege einschlagen, so bedeutet das für jede Einzelne:
  Jede Veränderung beginnt bei mir selbst d.h. jede braucht einen unterschiedlichen Zeitraum, ihre Sichtweise zu verändern. Jede hat das Recht, mit ihrem Entwicklungsstand im Team aufgenommen zu werden und sich einzubringen. Man muß viel Zeit investieren, viel miteinander sprechen, um- und querdenken, um einen Weg zu finden, der für alle gangbar ist.

- Auch die Rolle der Erzieherin muß neu definiert werden. Wenn heute Theoretiker behaupten, daß Erzieherinnen selbst daran schuld seien, in einen solchen Trott zu verfallen, da sie zu wenig reflektieren, empfehle ich all denen, den Kindergartenalltag mitzuerleben. Woher soll sich die Erzieherin den Freiraum nehmen, zu reflektieren bzw. zu beobachten? Die traditionelle Planung nach den Festen im Jahreskreis läßt doch kaum Zeit, um wichtige Lebenssituationen der Kinder aufzugreifen, diese mit einer offenen Planung vorzubereiten und in einem Projekt umzusetzen.

Wichtige Erkenntnis: Einen besonderen Stellenwert in unserer Planung hatte der Traditions- und Naturkreis in der Gestaltung des Alltags im Kindergarten. Um aus diesem „Jahreskreis" auszubrechen, muß eine Erzieherin ihre Ziele neu formulieren und ihre Sichtweise ein Stück weiter verändern.

4 Schritte zur Veränderung – Situations-Analysen

4.1 Situationsanalyse des sozialen Umfeldes Allgemeines zur Situationsanalyse

Situationsanalysen sind jene Überlegungen, die der Erzieherin ermöglichen, zu argumentieren und richtig zu begründen, warum sie ein bestimmtes Thema mit den Kindern bearbeitet. Auch kann sie mit ihnen begründen, warum sie ihnen Freiräume einräumt und immer wieder durch Anregungen oder Impulse das Geschehen beeinflußt. Kindorientiert und lebensnah zu arbeiten heißt aber auch, das Einzugsgebiet, d.h. das soziale Umfeld miteinzubeziehen. Somit stellt sich die Erzieherin Fragen wie:

Wie leben denn Kinder in unserem Einzugsgebiet? Was hat sich verändert? Was ist geblieben?

Auch Nachfragen zu Alltagsabläufen in der Einrichtung, zu Diskussionsergebnissen, Hintergrundüberlegungen zu bestimmten Ereignissen fallen unter den Begriff „Situationsanalysen".

Eine Situationsanalyse kann als erster Schritt weiterhelfen, wenn das Team grundsätzlich über die konzeptionelle Richtung seines Kindergartens nachdenken will. Die Situationsanalyse der sozialen Rahmenbedingungen steht dabei an erster Stelle, um der großen Frage gerecht zu werden:

Paßt mein Kindergarten mit seiner Arbeitsweise in sein Einzugsgebiet?

Nach folgendem Suchraster haben wir Erschließungsfragen gesammelt:

	Was gibt es am Ort?	Was erleben Kinder?	Was wissen wir über veränderte örtliche Strukturen?
WOHNEN			
FAMILIE			

ARBEITEN			
BILDUNG/KUL-TUR/TRADITION			
FREIZEIT			
KONSUM			
LANDSCHAFT/ LAGE			

Die Aufgabe war, Fragestellungen zu finden, die wir alle mit ja oder nein beantworten können. Es gilt zu bedenken, daß es unterschiedliche Wohnbezirke am Ort, unterschiedliche Gruppen, unterschiedliche Bedingungen für Männer und Frauen gibt.

Beispiel: WOHNEN

A Was gibt es am Ort?

- Welche Häusertypen gibt es?
- Wer wohnt wo?
- Wer wohnt in Miete?
- Wer hat sein eigenes Haus?
- Wer hat ein Kinderzimmer? Wie groß ist es?
- Wer wohnte immer schon bei uns im Dorf?
- Warum entscheiden sich viele für ein Leben bei uns auf dem Dorf?
- Würden manche gerne weggehen?

B Was wissen wir über veränderte, örtliche Strukturen?

- Wie hat sich die Einwohnerzahl bei uns verändert?
- Wie sieht es mit der Dorfstruktur aus?
- Sind viele zugezogen? Aus welcher sozialen Schicht sind sie?
- Wie sieht das Verhältnis zwischen Alteingesessenen und Zugezogenen aus?
- Treffen sich diese zwei „Gruppen"?
- Gab es früher mehr Möglichkeiten zum Treffen?
- Wo trafen sich die Dorfbewohner früher?

- Wie wohnen die Familien heute – wie war es früher?
- Wo vor allem hat sich die Wohnkultur verändert?

C Was erleben die Kinder ?

- Wie erleben die Kinder das Leben auf dem Dorf?
- Haben Kinder genügend Platz?
- Wo können Kinder bei uns heute noch unbeaufsichtigt spielen?
- Können sie sich ohne Absprache treffen?
- Wie sind die Straßen befahren?
- Gibt es Spielplätze?
- Wie sieht so ein Spielplatz aus?
- Wo spielen sie lieber?
- Gibt es Spielgruppen? Welche Kinder gruppieren sich meistens?
- Gefällt den Kindern, wie sie wohnen?
- Was mögen sie nicht?

4.2 Diese Fragen haben uns sehr geholfen, mit anderen d.h. Eltern, Großeltern und Nachbarn ins Gespräch zu kommen, und es entwickelten sich folgende Unternehmungen:

Praxisausschnitt:

- Wir veranstalten Elternabende zur Situationsanalyse. (Erzählen von Kindheitserinnerungen, Spiele über ihre Lebensweise usw.)
- Jedes Kind zeigt, wo es wohnt.
- Wir besuchen alle Kinder.
- Institutionen werden situationsgemäß einbezogen. (Wir klopfen bei einem Werk, einer Fabrik spontan an, um zu sehen, wie Menschen arbeiten, Kinder werden nie abgewiesen!)
- Ältere Frauen werden eingeladen. (Sie erzählen von ihrer Schulzeit und zeigen den Kindern, wie sie schreiben lernten)
- „Oma-Opa-Tag" wird seitdem sehr oft durchgeführt, und es ist ein beliebtes Fest für Groß und Klein.
- Wir feiern Feste wie früher, z.B. Ostern mit Grasnestern und Nikolaus mit Äpfeln und Nüssen.
- Wir laden ein und werden oft eingeladen, z.B. besuchen wir oft Seniorennachmittage, oder ältere Leute klopfen während des Nachmittagsspaziergang an und schauen zu, was wir so machen.

- Spontan besuchen wir ältere Menschen, die alleine zu Hause leben.

UNSER FAZIT:
Es lohnt sich, alles ganz genau anzuschauen, denn man entdeckt Räume und Möglichkeiten, die wir überhaupt nicht kennen. Vieles haben wir nicht mehr wahrgenommen, da unser Alltag zu strukturiert und durchorganisiert ist. Uns ist zudem aufgefallen, daß wir im Team viel zu wenig über Bräuche und Traditionen wissen. Ebenso wissen wir zu wenig über unser Dorf, das Dorfleben und die verschiedenen Erfahrungsmöglichkeiten! Das Team erfuhr, wie notwendig es ist, Kenntnis vom sozialen Umfeld zu haben, um das „Sich-Öffnen" nach außen und innen zu ermöglichen. Erst dann können wir neue wichtige Lebensräume mit unseren Kindern erschließen.

4.3 „Freispiel" – welchen Stellenwert hat es in unserem Alltag?

Bei unseren Diskussionen entpuppte sich der anfänglich scheinbar so klar definierte Begriff des „Freispiels" und des „Freien Spiels" als eine Sache mit vielen Unklarheiten. Jeder verband mit ihm andere Vorstellungen und Erwartungen.

- Bedeutet Freispiel, Kinder selbst ein Spiel wählen zu lassen, zwischen Alternativen wie Schnipp-Schnapp oder Bärenspiel? Oder Kinder besuchen die Puppenecke (Platz für drei Kinder) oder Bauecke (Platz für drei Kinder)? Wo können sie noch hin?
- Erzieherinnen und Kinder warten, bis alle Kinder eingetroffen sind, um eine Beschäftigung d.h. „richtige Arbeit" zu beginnen?
- Heißt es, die Gelegenheit zu geben, die restlichen Bastelarbeiten vom Vortag fertig zu machen?
- Im Freispiel Defizite ausgleichen? („Anne, komm, wir müssen schneiden üben!")

Diese konkreten Erfahrungen mit dem Freispielangebot ließen den Begriff äußerst unsicher erscheinen. Im Gegensatz dazu wurde das „freie Spiel“ gesehen. Die Notwendigkeit einer neuen Form „Freispiel“ hatte sich als dringend erwiesen, um den Bedürfnissen der Kinder nach Bewegung, auch nach Lern-Erfahrungsmöglichkeiten näher zu kommen.

4.4 Kritische Auseinandersetzung mit dem Angebot Freispiel

Beobachten wir gezielt und ganz intensiv spielende Kinder in unseren Einrichtungen, so tauchen viele Fragen in Bezug auf das „Freispiel“ auf.

- Welchen Stellenwert hat das Spiel innerhalb der Kindergartenarbeit?
- Ist es eine dominante Lernform der Kinder, oder füllt es nur den Tag aus?
- Gehört es zu den wichtigsten Schwerpunkten unserer pädagogischen Arbeit, auch wenn es nicht zu sichtbaren Erfolgen führt, wie sie die Eltern erwarten?
- Kann den Eltern die Bedeutung, Wichtigkeit und der Wert des spontanen Spieles für die Entwicklung, besonders auch der geistigen Entwicklung, deutlich gemacht werden?
- Inwieweit ist es uns Erzieherinnen möglich, dem spontanen Spiel und Tun einen dementsprechend hohen Stellenwert einzuräumen?
- Ist eine Erzieherin mit sich und ihrer Arbeit zufrieden, wenn ihre Kinder nur gespielt haben, aber sehr gerne täglich in den Kindergarten gehen?

Alltagserfahrungen zeigen uns, daß es keinesfalls selbstverständlich ist, daß Eltern für ihre Kinder das Lernen durch Spiel und Bewegung als grundlegende und wichtigste Erfahrungen ansehen. Sie gehen von ihren eigenen Lernerfahrungen in der Schule aus und möchten, daß ihre Kinder mit den ihnen bekannten Methoden auf die Schule vorbereitet werden. Die Eltern sehen und hören es gerne, wenn ihr Kind sich für dementsprechende Aufgaben und Angebote interessiert und mitmacht. Solche Eltern haben meistens vergessen, daß sie selbst als Kinder viel gespielt haben und durch spontanes, selbstbestimmtes Tun und körperliche Bewegung für die Schule vorbereitet wurden.

An die Erfahrungen aus der Kindheit müssen wir jetzt bei den Eltern anknüpfen, damit sie sich erinnern, **was, wo** und **mit wem** sie liebend gerne spielten.

Ein weiterer, sehr wichtiger Aspekt ist aber das Problem der Erzieherin, die sich sehr schwer dem Erwartungsdruck der Eltern entziehen kann.

Sind wir Erzieherinnen frei von Leistungsansprüchen? Möchten wir die uns anvertrauten Kinder nicht gut für die Schule vorbereiten?

Als Erzieherin verbindet man mit der Leistungsfreude und Leistung noch andere Aspekte, die zur Schulfähigkeit gehören und wichtig sind: Selbständigkeit, Selbstwertgefühl, Wohlfühlen unter Gleichaltrigen, Entscheidungsfähigkeit, Konfliktfreudigkeit usw..

Die Unsicherheiten gegenüber dem Lernen im Spiel wird noch stärker, wenn einzelne Kinder abweichende Verhaltensweisen zeigen, indem sie aggressiv oder zu still, unkonzentriert, leistungsunwillig oder sprachgestört sind oder motorische Störungen aufweisen. Auch alltägliche „kleine" Probleme, die wir alle kennen, warten auf eine Lösung: Was macht man mit Kindern, die nie Lust haben, die nie intensiv spielen, die nur von einem Spiel zum anderen rennen und alles herausschmeißen? Wie geht man damit um?

Solche Probleme gehören zu den neuen Aufgaben der Erzieherin; das Kind intensiv über einen längeren Zeitraum unter den verschiedenen Aspekten zu beobachten, um sein Verhalten zu verstehen. Solche Kinder brauchen uns, da sind unsere Hilfestellungen gefragt. Dieses Problem ist keinesfalls gelöst, indem es heißt: „Setz dich und hol dir ein Spiel!"

4.5 Neue Zielformulierung, um den Eltern das Spiel als die grundlegende Lebens- und Lernform ihres Kindes darzustellen

Der erste Schritt, um solche oder ähnliche Unsicherheiten abzubauen, ist die neue Zielformulierung und damit Hinterfragen des pädagogischen Tuns.

Eltern brauchen Informationen, damit sie erkennen und genau wissen, weshalb die Erzieherinnen dem Spiel diesen wichtigen und hohen Stellenwert im Kindergartenalltag einräumen. Was wissen denn die Eltern von unserer Arbeit? Woher können sie auch mehr darüber erfahren? Es bleibt einzig und alleine unsere Aufgabe, den Eltern unser Handeln und Tun transparent zu machen.

„Informierte Eltern sind auch zufrieden", sollte zum Anlaß genommen werden, um einen neuen Zielkatalog zu formulieren, der wie der folgende aussehen könnte:

- Die Erzieherin ist stets bemüht, den Kindern eine einladende, gelockerte und gelöste Atmosphäre zu bieten.
- Freiräume, Erlebnisräume für einzelne Spiele sollen Vertrauen und Verantwortungsgefühl aufbauen, und dadurch können alle Kinder in eine partnerschaftliche Beziehung kommen.
- Die Raumgestaltung soll die Kinder zu neuen Lernerfahrungen ermutigen; die Erzieherinnen sollen lernen, sich zurückzunehmen und Hilfestellungen und Anregungen nur dann zu geben, wenn es notwendig ist.
- Beobachtungen während des Freispieles oder im Garten sollen helfen, die Kinder dort **abzuholen**, wo jedes einzelne Kind steht.
- Jedes Kind soll individuell behandelt und mit seinen Eigenarten angenommen werden und damit umgehen lernen.
- Das soziale Umfeld soll stark eingebunden werden, um so den Kindern kindorientiert und vor allem lebensnah Angebote zu vermitteln.
- Lebenssituationen sollen bewußt aufgegriffen und aus ihnen heraus Lernsituationen geschaffen werden.
- Das bewußte Zusammenleben mit Kindern, d.h. ihre Zeichen erkennen und aufgreifen, soll Raum für die Förderung der Phantasie und Kreativität des Einzelnen gewähren.
- Kinder mit abweichenden Verhaltensweisen werden mit viel Geduld angenommen und in kleinen Schritten zur Lernfreude geführt.

FAZIT:

Wenn Eltern merken, wieviel Gedanken sich die Erzieherin über jedes einzelne Kind macht, so werden und müssen sie bald erkennen, daß sie das Beste möchte und alle Kinder ein Stück weit begleitet und fördert.

4.6 Diskussionsleitfaden: Wie sieht es in der eigenen Einrichtung aus?

- Gibt es Nebenräume (Küche, Flur, Garderobe, Waschräume o.ä.), die von den Kindern für ihr Spiel miteinbezogen werden?
- Haben sie klar definierte räumliche Aufteilungen für ruhige Tätigkeiten, Rollenspiele, Bewegungsspiele?
- Gibt es Tischgruppen, Tische im Raum? Haben die ihren festen Platz den ganzen Tag über? Gibt es genug Platz auf dem Fußboden zum Spielen, ohne daß die Spielabläufe durch vorbeilaufende Kinder dauernd gestört werden?
- Gibt es genügend textile Materialien (Kissen, Decken, Matratzen), so daß die Kinder sich zwischendurch zurückziehen und ausruhen können?
- Gibt es eine Ecke mit Naturmaterialien oder Objekten, die die Erfahrungen erweitern können (Magnete, Batterien, alte Waage usw.)?
- Gibt es Möglichkeiten, mit Möbeln und Materialien zweckentfremdet zu spielen?
- Womit und wie spielen die Kinder zu Hause oder auf der Straße?
- Gibt es ausrangierte Gebrauchsgegenstände aus der Erwachsenenwelt (Fotoapparate, Küchenmaschinen, Küchengeschirr usw.)?
- Ist die Trennung zwischen Freispiel und angeleiteter Beschäftigung sehr ausgeprägt?
- Wie häufig etwa sind Spielunterbrechungen durch die Erzieherin während eines Vormittages?
- Haben Kinder im Laufe des Vormittages oder Tages auch Zeit zum Nachdenken und Zusehen?

Mit Holzböcken und Decken, großen und kleinen Kartons bauen sie sich Höhlen, Autos, Burgen und nehmen verschiedene Möbel, die sich bewegen lassen, mit ins Spiel.

Das ganze Nebenzimmer ist als Baulandschaft für 8 bis 10 Wochen eingerichtet. Die Zahl der Kinder ist nicht bestimmt, sie müssen es für sich regeln.

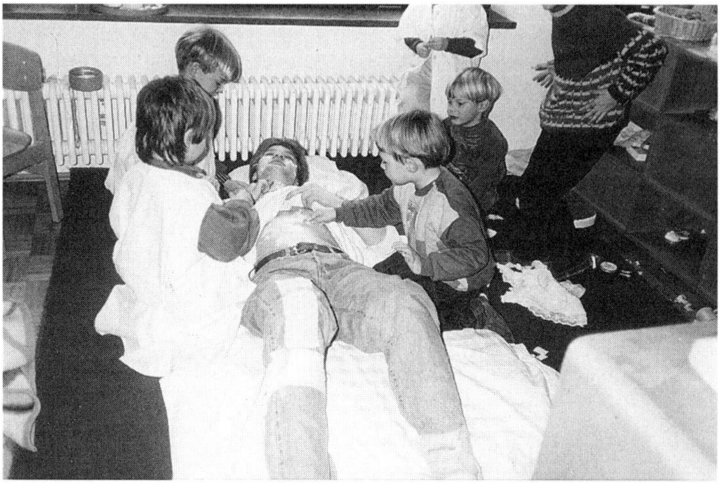

Eine Erzieherin wird eingecremt und behandelt. Oft werden Erwachsene miteinbezogen. Dabei spielen die Kinder mit einer großen Ausdauer und Konzentration.

Verkleiden mit Stöckelschuhen, Umhängen usw. macht allen Spaß. Danach in den oberen Gruppen weiterspielen, neue Freunde suchen, die mitmachen oder zum Mitmachen auffordern. Die Kinder suchen neue Spielbereiche, neue Spielorte und Freunde.

4.7 Erfahrungsraum im Kindergarten

Welche Möglichkeiten gibt es für...

- soziale Erfahrungen: (befriedigende) Kontakte mit Gleichaltrigen, mit jüngeren/älteren Kindern, mit Kindern außerhalb des Kindergartens, mit Erwachsenen außerhalb des Kindergartens,
- die Entwicklung individueller Interessen,
- die ungestörte Beschäftigung für sich allein (oder zu zweit),
- unbeaufsichtigte Beschäftigung,
- Rückzug/Ausruhen (einschließlich Schlafen),
- Muße, Ruhe, Stille,
- eigene Entscheidungen, Beteiligung an Entscheidungen,
- Erleben und Ausdruck von Gefühlen (einschließlich Aggression),
- die Zugänglichkeit zu Material und Verfügung über Material und Räume,
- eigenes Gestalten/Umgestalten,
- den Ausdruck von eigenen Vorstellungen der Kinder,
- das Sammeln von verschiedenen Dingen,
- das Aufbewahren von gesammelten und selbst hergestellten Dingen, z.B. für alle Kinder d.h. öffentlich zugänglich machen oder auch für jedes Kind an einem eigenen Platz,
- nicht organisierte/im voraus geplante Tätigkeit der Kinder,
- Bewegung,
  - drinnen und draußen
  - Ganzkörperbewegung
  - großräumige Bewegung
- Materialerkundung,
  - Erfahrungen mit Naturelementen und Naturerscheinungen,
  - Mal-, Schmier-, Matsch- und Wasserspiele,
- Erfahrung von einfachen Naturgesetzen, Umgang mit den Naturgesetzen,
- Bodenerfahrung, Erfahrung von Raumdimensionen,
- Erfahrung mit der Welt der Erwachsenen,
  - Außenraum- und Umwelterfahrung

– Begegnung mit Erwachsenen im Beruf
– Beteiligung an Erwachsenentätigkeiten (praktische All tagsverrichtungen zur täglichen Versorgung)?

Ist es möglich,
- einfach einmal rauszugehen,
- jemanden in einer anderen Gruppe im Kindergarten zu besuchen,
- einmal etwas bis zum nächsten Tag oder gar eine ganze Woche lang stehenzulassen,
- etwas zu tun, ohne vorher fragen oder absprechen zu müssen?

4.8 Kritische Betrachtung des eigenen Erzieherinnenverhaltens

Während dieses Umbruchs wurde auch die Rolle der Erzieherin in einigen Teilen neu definiert. Es ergaben sich Fragen wie:

- Wie lebe ich mit den Kindern?
- Hemmt mich die Aufsichtspflicht, auf die eigenen Bedürfnisse der Kinder einzugehen?
- Wie kann ich mit dem Aufsichtsproblem umgehen, um die Rechte der Kinder zu verwirklichen?

Wir ließen uns viel Zeit bei der Umgestaltung, reflektierten unsere Erfahrungen, unser eigenes Verhalten, betrachteten das Verhalten der Mitarbeiterinnen, diskutierten sachlich darüber und fanden so einen neuen Weg, wie man mit der Aufsichtspflicht umgehen kann.

Zur Situationsanalyse gehört ganz wesentlich die kritische Betrachtung des eigenen Erzieherinnenverhaltens!

Die Erzieherin sollte ihr eigenes Verhalten reflektieren, ihre Planungsziele fortschreiben, auswählen, was und wie sie es weiter vermitteln will. Sie muß ständig um die Fortführung ihrer Kompetenz bemüht und bereit sein, Veränderungen anzustreben:

- Welche Rolle spielt für mich die Diskussion und Kooperation im Team?

- Was kann ich im Alltag tolerieren?
- Inwieweit ertrage ich verschiedene Vorgehensweisen anderer Kolleginnen und kann mit solchen Abweichungen von meinen „Normvorstellungen“ umgehen?
- Was kann ich Kindern erlauben, was dulde ich oder lasse ich zu?
- Welche Vorerfahrungen habe ich mit dem Team, der Gruppe, den Eltern bzw. dem Thema?
- Welche Defizite habe ich, und wie stehe ich zu ihnen? Wer könnte diese kompensieren? Bin ich bereit, offen dafür Teilarbeit abzugeben?
- Welche Werthaltungen (-vorstellungen) prägen mich im Alltag? Achte ich andere Personen? Respektiere ich meine Mitmenschen? Wie gehe ich mit ihnen im Alltag um?
- Wie sieht es mit meiner Offenheit aus? Bin ich zugänglich für andere Personen oder eher zurückhaltend?
- Habe ich Vorurteile anderen gegenüber? Neige ich dazu, schnell über andere Familien zu urteilen, ohne die genaue Situation zu kennen?
- Meine ich es wirklich ehrlich genug mit Kindern, Kolleginnen, Eltern usw.?

Stellt sich die Erzieherin offen und ohne Vorbehalt solche und ähnliche Fragen, verändert sich langsam aber sicher ihre Sichtweise.

Unsere Kinder erobern neue Spiel-Räume. Ein Zirkuszelt wird im Nebenzimmer (Intensivraum) der Gruppe eingerichtet.

Das Bad wird als „Wasserlandschaft" eingerichtet; Spiele mit Wasser, Meßbecher u.a. werden möglich.

Leiterinzimmer: Dort gibt es Tische für Kleingruppenarbeit oder ruhige Spiele, einfache Rückzugsmöglichkeiten, Rollenspiele. Hier nähen die Kinder.

5 Situationsanalysen zur Erschließung von Inhalten und zur Planung von Arbeitsschritten bei der Thematisierung einer für Kinder wichtigen Situation

5.1 Wie komme ich zur Entscheidung, welches Thema ich aufgreifen will oder soll?

Natürlich kann eine Erzieherin nicht auf jede Situation eingehen. Doch wie fangen wir es an, die für die Kinder wichtigen Themen zu wählen, und nicht selbst auf die Themen in der traditionellen Planung zurückzugreifen?

Beispiel: Das Thema Dunkelheit.

Die Situation ist folgende: Es steht die dunkle Jahreszeit bevor, das Thema ist also aktuell.

A Wir können uns das Thema vornehmen und dann schauen, was die Kinder aufgreifen.

B Wir können aber auch abwarten, ob wir überhaupt Anhaltspunkte dafür beobachten können, daß Dunkelheit die Kinder beschäftigt, auch wenn wir sie selbst nicht darauf lenken.

C Wir können das Thema vorgeben und dann situationsorientiert damit umgehen, d.h. wir lassen uns von den Kindern lenken und sie den Prozeß bestimmen. Diese Art der Planung kann die Erzieherin praktizieren,wenn es ihr schwer fällt, ein Thema zu wählen. Weiterhin kann diese Vorgehensweise in der Umbruchszeit, vom funktionsorientierten Ansatz hin zu einem situationsorientierten Arbeiten, helfen, die Sensibilität der Erzieherin für die Interessen und Bedürfnisse der Kinder zu fördern.

Bei diesem Prozeß stellten sich mir folgende Fragen:

- Wieviel Planung brauche ich als Erzieherin?
- Wieviel Ungeplantes, Spontanes kann ich aushalten?

- Was brauche ich zum Planen?
- Wie gehen Kinder auf Anregungen ein?
- Was beschäftigt einzelne Kinder? Was könnte der Grund sein?
- Beschäftigen sich jüngere Kinder anders mit dem Thema als ältere, Mädchen anders als Jungen?
- Was gehört alles zum Thema?
- Was wissen wir darüber?
- Wie kann ich mich fachkundig machen?
- Was steht alles in Zusammenhang mit dem Thema?
- Welche Materialien müssen wir zur Verfügung stellen?
- Was können wir anbieten, daß Kinder selbst ihre Erfahrung machen können?

Solche Fragen werden von dem Gruppenteam gemeinsam vorbereitet und besprochen. Auch die Fragestellungen, d.h. was beobachtet werden soll, wird von dem Gruppenteam erstellt und festgelegt. Sehr wichtig für unsere Planung war die Auswertung unserer Beobachtungen.

5.2 Wir lernen „neu" zu beobachten – Fragestellungen

Uns ist es klar, daß wir Entscheidungen treffen müssen, wenn wir festlegen, welche Beobachtungen wir uns vornehmen. Wenn wir beobachten wollen, müssen wir Ziele haben, die wir „Fragestellungen" nennen.

Es geht nicht, wahllos alles zu beobachten. Wir müssen bestimmte Situationen oder Kinder vornehmen, die wir über einen längeren Zeitraum beobachten wollen (zu der Frage, die wir uns gestellt haben).

Jeder Anfang ist schwer, aber unter dem Motto „Wo ein Wille ist, da ist auch ein Weg" fingen wir an und wagten uns an die ersten Planungsversuche.

Ganz gleich, ob das Thema von den Kindern oder den Erzieherinnen bestimmt ist, ohne Vorbereitung, sprich Planung geht es nicht.

Es wurden Anhaltspunkte für eine neue Planung erarbeitet:

a) Beobachten der Kinder:

–Was beschäftigt sie?
–Womit beschäftigen sie sich?
–Welche Tätigkeiten entwickeln sich?
–Worüber reden sie?
–Welche Interessen/Bedürfnisse sind zu erkennen?
–Welche Fragen haben sie?
–Was wissen sie bereits?
–Was würden sie gerne erfahren?
–Brauchen sie Anregungen, Impulse?

b) Wie stellt sich die Situation für die Eltern?
–Sind die Eltern mit dieser Situation vertraut oder selbst betroffen?
–Was können sie mit einbringen?
–Welche Erfahrungen machen sie zu Hause?
–Hat das Kind Geschwister?
–Wie alt sind diese? Was machen die Geschwister?
–Welchen Beruf üben die Eltern aus?
–Was wissen die Kinder über die Arbeit ihrer Eltern?

c) Erzieherinnen:
–Wie stehe ich persönlich zur betreffenden Situation?
–Welche Erfahrungen, Beobachtungen in der Gruppe habe ich?
–Habe ich Informationslücken?
–Wie kann ich mich sachlich kompetent machen?
–Welche Rolle spielen in dieser Situation andere Personen?
–Wo existieren bereits Kontakte?
–Welche Traditionen müssen bedacht werden?

Ein Praxisbeispiel für Beobachtungen in den einzelnen Gruppen unter einem gemeinsamen Thema für die Einrichtung möchte ich hier geben:

Thema: Meine Gruppe und ich

Situationsbericht: Berichte aus den einzelnen Gruppen ließen unterschiedliche Situationen erkennen. In jeder Gruppe wurden neue Kinder aufgenommen. Einige hatten mit der Eingewöhnung Probleme. Für die eine Gruppe stellte sich der Umgang miteinander als Problem heraus. Weiterhin wurden mehrere Spielbereiche in Frage gestellt. Auf dem Außenspielplatz verlief auch nicht alles problemlos.

Nach der Situationsbeschreibung sollte eine Analyse anhand der Fragestellungen vorgenommen werden. Folgende Schwerpunkte wurden gesetzt:

1. Situation der neuen Kinder
   Fragestellungen:
- Fällt die Trennung den Kindern schwer?
- Haben sie Freunde in ihrer Gruppe oder in anderen?
- Wie gehen sie mit anderen Kindern um?

2. Situation der Eltern
   Fragestellungen:
- Was wissen wir von den Eltern? Was machen sie, während die Kinder im Kindergarten sind?
- Gibt es Probleme in der Familie? (Alleinerziehend, arbeitslos, krank?)
- Ist es das erste Kind, welches sie in den Kindergarten bringen?
- Kennen wir die persönliche Einstellung zum Kindergarten?
- Inwieweit kann ich die Situation der Eltern nachvollziehen?

3. Situation der Kinder, die schon länger im Kindergarten sind
   Fragestellungen:
- Welche Unsicherheiten im Umgang mit den Kleinen treten auf?
- Wie reagiere ich auf das Verhalten der Älteren?

Anhand dieser Fragen wurden Beobachtungen durchgeführt und immer wieder ausgewertet. Neue Berichte und Diskussionen gaben uns verstärkt das Gefühl, daß in jeder Gruppe eine andere Problematik vertreten ist. Trotz dieser Erkenntnisse war das Team noch nicht soweit, d.h. die Entwicklung ließ es nicht zu, von einem gemeinsamen Thema abzukommen.

Nebenbei wurden verstärkt in allen Gruppen weitere Beobachtungen geführt. Bei einem Herbstspaziergang konnten die Kinder ganz bewußt den Wind erleben und sammelten Hagebutten. Die zweite Gruppe war zur Weinlese eingeladen und verfolgte den Vorgang bis zur Kelterei und zum Weinkeller. In einer weiteren Gruppe wurde in unserem Gemüsegarten geerntet und verwertet. In der vierten Gruppe drehte sich alles um die Obsternte, Äpfel und Birnen, da ihnen ein Obstland zur Verfügung gestellt wurde.

Zu unserem Thema „Meine Gruppe und ich“ wurden in jeder Gruppe neue Themen, die parallel liefen, mit den Kindern erarbeitet.

Gruppe 1 – Thema Wind
Gruppe 2 – Weinlese
Gruppe 3 – Gemüse
Gruppe 4 – Obst (Äpfel/Birnen)

Um die Feste des Jahreskreises nicht zu übergehen, hat jede Gruppe Erntedank individuell als Fest gestaltet. Im nachhinein wurde in einer Gruppe das Thema „Erntedank" aufgegriffen und mit den Kindern geplant. In den anderen Gruppen wurde es mit dem Fest aufgegriffen, ohne viel Vorbereitung, erlebt und war damit abgeschlossen.

Nach diesen Schwerpunkten beobachteten wir circa 14 Tage lang und legten dann eine Rolle Tapetenpapier aus, mit dem Raster für die Planung (siehe Anfangsraster, S. unten). Jede Erzieherin trug ihre Beobachtungen ein, die sie anhand der Fragestellungen vorgenommen hatte. In der Dienstbesprechung wurden die Beobachtungen ausgewertet und gemeinsam die Zielsetzungen festgelegt. Eine Woche lang hatte jede Erzieherin Zeit, um das Thema mit den Kindern zu besprechen, Material und Angebote zu suchen. Es wurde alles zusammengetragen, besprochen und sortiert. Der Plan wurde nach dem Raster erstellt und mit jeder neuen Beobachtung weiter entwickelt.

Raster für eine offene Planung in der Umbruchsphase:

Beobachtungen	Zielsetzung	Angebot

Wiederum wurden Beobachtungen über 14 Tage gesammelt und immer wieder ausgewertet. Dann wurden Zielsetzungen vorgenommen und entsprechende Angebote erarbeitet. Die Angebote aufgrund von Beobachtungen werden hierbei individuell für jede Gruppe ausgewertet.

FAZIT:
Beobachten ist eine sehr anspruchsvolle Tätigkeit, die man neu lernen muß, um sie für eine Planung einzusetzen.

5.3 Schrittweise Veränderung macht die Arbeit wieder interessant

Den gewohnten Weg zu verlassen, ohne strengen Rahmenplan zu arbeiten, machte uns Angst. Eine Einrichtung mit vier bzw. heute fünf Gruppen konnten wir uns als Einheit nur vorstellen, wenn ein **einheitliches** Thema vorhanden ist. Dieses Bedürfnis, den Kindergarten als eine Einheit zu erleben, war einzig und allein das Anliegen der Leitung; ihr Anliegen: Wie kriege ich noch mit, was bei den anderen gemacht wird? Jede Gruppe arbeitet vor sich hin und kümmert sich wenig um die andere. Was können wir noch zusammen machen? Was bleibt an Gemeinsamkeit?

Die Erfahrungen mit der offenen Planung sahen so aus:

Die Tatsache, daß wir unterschiedlich arbeiten, muß keinesfalls entzweien. Nach dem Rahmenplan konnte man weniger leben, da alles vorgegeben war. Das Bedürfnis, gemeinsam über die unterschiedlichen Erfahrungen von uns und den Kindern zu sprechen, führt zu effektiven und spannenden Teambesprechungen. Ein Vorteil ist auch, daß je mehr Leute zusammenarbeiten, desto mehr Ideen sich entwickeln können. Aus dieser Vielfalt von Auswahlmöglichkeiten kann ich als einzelne Erzieherin dann das Geeignete und Beste finden. Die Kinder lenken die Planung, und da kann die Erzieherin auch etwas „erleben". Der Alltag ist plötzlich ein gemeinsam mit den Kindern gestalteter.

Und so haben wir unsere Eltern informiert:

a) Eltern erhalten vorweg Informationen über unsere Ideen und Vorhaben (Aushang: Thema bzw. Projekt unserer Gruppe, im Beispiel war das „Meine Gruppe und ich")
b) Rückpläne berichten, was effektiv in der Gruppe gelaufen ist.
c) Berichte und Bilddokumentationen von Aktivitäten werden angefertigt

Eltern sollen und müssen Bescheid wissen, denn nur so können wir sie in unsere Arbeit miteinbeziehen.

FAZIT:
Mit der neuen Planung werden sich neue Arbeitsangebote entwickeln, die den Bedürfnissen der Kinder viel gerechter werden, und damit ein Schritt auf unsere Vorstellung zu, mit Kindern zu leben.

5.4 Einige Vorsätze, die zur Veränderung beitragen sollen

- Wir dürfen die Geduld nicht verlieren. Es braucht eine gewisse Zeit, wenn man etwas Neues machen will.
- Sich Zeit nehmen für Kinder. Sie sind genauso „eingefahren" wie wir und müssen sich langsam umstellen.

- Wir müssen die Kinder hinführen und ihnen beibringen, selbst ihre Bedürfnisse und Vorstellungen auszudrücken. Diese sollten von den Erzieherinnen ernstgenommen werden.
- Wir müssen lernen, unterschiedliche Kompetenzen des Einzelnen zu akzeptieren und bestimmte Fähigkeiten zu fördern.
- Durch die neuen Beobachtungen, die jeweils aufgegriffen werden, wird die Planung ein stetiger Prozeß. In der Praxis heißt das, ein Gefühl für bestimmende und aktuelle Aktivitäten und Stimmungen zu bekommen, die in jeder Gruppe herrschen.
- Wir müssen Zeit und Raum lassen, damit sich ein Thema entwickeln kann. So kann es passieren, daß es in jeder Gruppe verschieden läuft, auch wenn wir ein gemeinsames Thema haben.
- Über die Planung wird viel mehr nachgedacht, da wir jetzt aufgrund der Situationsanalyse der Gruppe (Was wollen/brauchen meine Kinder?) viel genauer überlegen, warum wir „dies" und nicht „jenes" planen.
- Wir entwickeln mit den Kindern gemeinsam, d.h. die lehrende Rolle wird auch mal zur lernenden Rolle der Erzieherin, da wir uns zusammen mit Themen und Fragen beschäftigen.

Mit der alten Planung kannten wir uns aus, hatten eine gewisse Sicherheit und den notwendigen Rückhalt. Es wurde in der Rückschau auf früheres Arbeiten für uns einiges deutlich:

Die Verunsicherung jetzt gehört dazu. Die Unsicherheiten können im Team gemeinsam besprochen werden, da alle etwas Neues ausprobieren. Die Erzieherinnen müssen flexibler werden. Jedes Jahr verlangt neu durchdacht zu werden, da wir neue Kinder, Erzieherinnen, Eltern haben. Sie bringen immer eine neue Situation in die Einrichtung, neue Bedürfnisse, die berücksichtigt werden sollen/müssen. Unter dem Motto „Das war schon immer so" läuft nichts mehr. Aber uns war auch klar: das festgefahrene Programm hat keine Chance mehr.

5.5 Wie sieht die kindliche Ausgangssituation d.h. wie sieht es in meiner Gruppe aus?

Fragen nach:

a) den Bedürfnissen der Kinder,
- –Bewegungsfreiheit: durch Aggressivität
- –Freiraum: durch Äußerungen
- –Selbstbestimmung: durch Widerstand/Trotz
- –alleine sein: durch eigene Isolierung
- –Geborgenheit: durch Vereinnahmung der Bezugsperson
- –Anerkennung: durch ständiges auffälliges Verhalten

Was sind die individuellen Bedürfnisse? Woran und wie erkenne ich sie? Ständiges Reflektieren und Beobachten ist notwendig, um immer wieder zu prüfen, was zu realisieren ist.

b) den Grundkenntnissen der individuellen Lebenssituation,
- –familiäre Situationen
- –Altersunterschied
- –Entwicklungsstand
- –soziales Umfeld

c) den Wünschen der Kinder,
- –ernstgenommen zu werden (mit gemalten Bildern)
- –Verständnis (in Gesprächen)
- –Wissen, daß den Bedürfnissen Rechnung getragen wird (Beobachtungen)
- –Miteinander (miteinander spielen)
- –eigene Erfahrungen (experimentieren)
- –Beobachten (Vorbild)

In freiheitlicher, offener, warmer Atmosphäre lernt ein Kind am besten!!!

6 Wie können Beobachtungen als Grundlage einer offenen Planung benützt werden?

Das Erforschen und Registrieren der Bedingungen für die Erziehungs- und Bildungsarbeit in unserer Einrichtung erwies sich als Notwendigkeit, als Ausgangsbasis für ein *kindorientiertes Arbeiten*. Die Ausgangssituation für diesen „neuen Umgang" mit den Kindern ergibt sich einerseits aus ihrer Lebensumwelt, d.h. dem sozialen Umfeld, in welchem die Kinder aufwachsen, und andererseits aus der Individualität des einzelnen Kindes.

Um diesen vielfältigen Faktoren gerecht zu werden, eignen sich Beobachtungen zum Gewahrwerden bestimmter Situationen, Geschehnisse, wie auch der persönlichen Bedürfnisse einzelner Kinder.

WICHTIG:
Zu Beginn des Kindergartenjahres sollte man möglichst viele Faktoren der Lebenswelt des einzelnen Kindes erfassen (siehe Praxisbeispiel, Situationsanalyse, Kap. 5.5). Mit unseren bisherigen Beobachtungsverfahren (nach Raster und Beobachtungsbögen usw., Kap. 5.2) konnten wir nicht mehr weiter umgehen, und so gelang es uns, die Beobachtungen im Sinne des situationsorientierten Ansatzes nach Armin Krenz aufzuarbeiten und sie in der Praxis nachzuvollziehen.

6.1 Wie „Beobachtung" im Alltag aussehen kann

Beobachtungen durchziehen wie ein roter Faden die Planung und das bewußte Arbeiten bzw. Leben mit Kindern.
Beobachtung ist eine

- aktive,
- planmäßige,

- auf ein ganz bestimmtes Ziel gerichtete,
- zweckorientierte

Sinneswahrnehmung und vor allem durch Aufmerksamkeit gekennzeichnete, bewußte Wahrnehmung und Registrierung von Verhaltensweisen oder Ereignissen in Abhängigkeit von bestimmten Situationen bzw. Rahmenbedingungen.

Was bedeutet dies für unsere praktische Arbeit?

AKTIV
bedeutet, eine bewußte Entscheidung für eine bestimmte Beobachtung, d.h. Bedürfnisse der Kinder, Grundkenntnisse oder Wünsche der Kinder wahrnehmen zu wollen.

Ein Beispiel aus dem Kindergartenalltag: Kinder nehmen sich laufend eine Matratze, ziehen sie ins Nebenzimmer oder in eine freie Ecke und hüpfen und toben. Also suche ich eine Möglichkeit, um eine „Tobe-Ecke" einzurichten.

PLANMÄßIG
bedeutet, daß ich vorbereitet Situationen schaffe, um diese über längere Zeit zu beobachten. Es können Rollenspiele, spontane Spielmöglichkeiten oder spezielle Situationen sein.

Zum Fall „Tobe-Ecke": Zuerst hatte ich eine kleine Ecke im Eingangsbereich eingerichtet. Dieser Platz wurde nicht angenommen, obwohl es mit den Kindern abgesprochen war. Sie suchten sich selbst ihren Platz aus. Als sie sich wohlfühlten, war der Platz viel zu klein, wir mußten große Matratzen suchen. Jede Veränderung wird mit den Kindern besprochen und mit ihnen durchgeführt.

ZIELGERICHTET
bedeutet, daß das Erzieherteam einer Gruppe eigene Fragestellungen erstellt, nach denen einzelne Kinder oder die ganze Gruppe beobachtet werden.

Zum Beispiel das Thema Dunkelheit:

- Was erzählen die Kinder im dunklen Zelt?
- Was spielen sie?
- Was machen sie mit den Taschenlampen?
- Was interessiert sie am meisten?
- Wie geht es mir in der Gruppe bei der Arbeit mit der Dunkelheit?

AUFMERKSAMKEIT
bedeutet, möglichst nicht abgelenkt zu werden.

Es ist bestimmt einfacher gesagt als getan. Aber Sie werden merken, daß die Kinder uns durch diesen Entwicklungsprozeß schließlich viel weniger in ihrem Spiel brauchen und Sie als Erzieherin neue Freiräume zum Beobachten bekommen. Man wird viel sensibler und nimmt die Beobachtungsaufgaben ganz spontan wahr.

ZWECKORIENTIERT
bedeutet, im Zusammenhang mit dem jeweiligen Thema, Sinnzusammenhänge herzustellen und einzuplanen.

Man kann nicht alles gleichzeitig wahrnehmen, es müssen gezielt einzelne Motive in den Vordergrund gestellt werden.

Zum Beispiel: Am Anfang des Kindergartenjahres wurde das Thema „Biene“ in der Bienengruppe aufgegriffen, da die Neuen in der Gruppe immer fragten: Sind wir jetzt Bienen? Fliegen die so…? Angestoßen durch diese Fragen, konnten wir uns mit den Kindern auf zwei Themen einigen:

a) Bienenkinder (das waren die Kinder, die über die Bienen mehr wissen wollten),
b) Imkerkinder (Das waren die Kinder, die über die Bienen Bescheid wußten. Hier stand das Interesse für die Herstellung des Honigs im Mittelpunkt).

REGISTRIERUNG
bedeutet, daß wichtige Beobachtungen schriftlich festgehalten werden.

Die Fragestellungen werden auf Blätter oder Plakate geschrieben, die offen an der Tür oder an der Wand angebracht werden, damit man wichtige Beobachtungen notieren kann.

Während der verschiedenen Gespräche mit den Kindern, bei Bilderbuchbetrachtungen, die beim Weiterplanen helfen sollen, wäre es angebracht, daß eine Erzieherin mitschreibt.

Spielsituationen mit Gesprächsführungen sollten in schriftlichen Notizen festgehalten werden.

IN ABHÄNGIGKEIT VON BESTIMMTEN SITUATIONEN
bedeutet, sinnzusammenhängend mit dem gewählten The-

ma, der Fragestellung, der Situation umzugehen. Man kann nicht jede Situation aufgreifen, aber wenn völlig neue, wichtige Situationen für die Gruppe oder für das einzelne Kind (Tod eines Verwandten, Geburt eines Geschwisterchens, Anbau des Kindergartens usw.) auftauchen, sollte man sich in die Erlebniswelt einfühlen. Man kann ein früheres/späteres Thema zurückstellen oder parallel mit den Interessierten aufarbeiten.

Zum Beispiel: Ein Kind erzählt laufend von seinem Bruder, der sich vor zwei Tagen mit heißem Wasser verbrüht hat. Ich konnte das Thema nicht abwürgen; Brandwunden standen für fünf Kinder (die Nachbarskinder) im Mittelpunkt. Als zweites Thema wird es für die Kinder geplant und durchgeführt.

Nachdem wir diese Beobachtungen schon seit über zwei Jahren praktizieren, sind wir völlig davon abgekommen, die einzelnen Kinder bzw. Situationen zu bewerten, zu interpretieren oder voreilig zu beurteilen. Wir möchten in die Kinder hineinhorchen, ein Gespür für sie bekommen, was sie interessiert und was ihnen Spaß macht und nicht dafür, was wir Erzieher glauben, daß es für das Kind gut und wichtig sei!

WICHTIG:
In Abgrenzung zu Beurteilungen Beschreibungen aufgrund von Beobachtungen vornehmen.

Man neigt schon dazu, eigene Interpretationen aus Beobachtungen und Arbeitsvorhaben umzusetzen (oft hätte manche Erzieherin einen anderen Ablauf ihres Projektes gewünscht). So hatte beispielsweise das Erzieherinnenteam für das Projekt Miteinander-Füreinander die Stoffsammlung bereits fertig mit den angrenzenden Themen „St. Martin, Helfen-Teilen“, aber die Kinder sind im Spiel auf das Thema „Feste feiern“ übergegangen. Es wurde Hochzeit, Geburtstag gefeiert. Auch unter diesem Aspekt wurde „St. Martin“ als religiöses Fest wieder eingeflochten und gefeiert.

Beobachtungen in diesem Sinne sind nicht in erster Linie nur dazu da, sogenannte Verhaltensdefizite bei Kindern festzustellen, sondern Verhaltensweisen in unserer Arbeit aufnehmen zu können. Selbstverständlich werden nebenbei auch einzelne Kinder beobachtet, aber nicht unbedingt nach einem vorgegebenen Raster!

Die Beobachtungen haben nur dann einen Sinn, wenn sie direkte Auswirkungen auf unsere pädagogische Arbeit haben.

Wichtig ist eine Erzieherin, die sich ständig um die Vergrößerung ihrer Kompetenz bemüht. Das bedeutet konkret beispielsweise, eingeführte Regeln zu hinterfragen oder die Raumgestaltung zu verändern. (Stelle ich das Zimmer einfach um, weil ich es besser finde, oder beobachte ich, daß die Kinder gerne diesen oder jenen Platz für andere Spiele brauchen könnten? Mache ich es, oder spreche ich mit den Kindern darüber?)

7 Planschritte für ein Leben mit Kindern in einer offenen Planung

7.1 Was heißt bewußtes Leben mit Kindern nach den Anregungen, Impulsen und Ideen des situationsorientierten Ansatzes?

Bewußtes Leben mit Kindern heißt „Zeichen der Zeit“ erkennen, wahrnehmen und diese in unsere Planung und in das Alltagsgeschehen einfließen zu lassen. Konkret heißt dies, daß wir in den Mittelpunkt unserer Arbeit das Kind in den verschiedensten Lebenssituationen stellen und konkrete, aktuelle Situationen in unserer Planung berücksichtigen. Aus Lebenssituationen sollen Lernsituationen geschaffen werden, d.h. eine kindorientierte Pädagogik, welche ein Umdenken von Seiten der Erzieherinnen sowie der Eltern erfordert.

Eine Lernsituation in diesem Sinne wird der Neugier des Kindes, seiner Erkundungslust, seinem Wissensdrang gerecht, und nur so kann es „motiviert“ sein. Das Kind will immer aktiv seine Bedürfnisse, Einfälle und Wünsche zur Geltung bringen (d.h. weniger Zuordnungskärtchen aus Lernspielen benutzen, mehr im Praktischen erleben lassen). Deshalb wird das Geschehen in der jeweiligen Gruppe zusätzlich von den unmittelbaren Interessen, Problemen und Bedürfnissen der Kinder gekennzeichnet. Die Arbeit soll die spezifischen Situationen jedes Kindes sowie die spezifischen Situationen der Kindergruppe berücksichtigen.

Gefordert ist die Erzieherin, da sie Lernmöglichkeiten für alle Kinder suchen muß, was eine Strukturierung des Planes verlangt, mit alternativen Lernmöglichkeiten für möglicherweise lernunmotivierte Kinder. (Müssen alle Kinder Interesse an dem Bilderbuch XY haben? Warum wird eine Anschauungsübung für alle bestimmt? etc.)

Das bewußte Leben mit Kindern braucht viel Zeit und

fordert die Erzieherin kontinuierlich auf, immer wieder neue Situationen zu schaffen, Impulse zu liefern, um das Neugierverhalten der Kinder neu zu wecken und so neue Ansatzpunkte für ihre Planung einzuflechten. Wichtig für die Erzieherin ist es auch im Alltag, daß ihr Gespür ihr signalisiert, wann sie sich zurückziehen kann, um so den Kindern eine gewisse Selbstbestimmung zu ermöglichen. Wir müssen lernen, den Kindern mehr zuzutrauen, ihnen Vertrauen zu schenken, welches eine partnerschaftliche Beziehung aufbauen läßt. Die offene Planung, wenn man offen mit ihr umgeht, ist die Voraussetzung für ein situatives Arbeiten d.h. ein Leben mit Kindern. Dieses Arbeiten bietet der Erzieherin viel mehr Freiheit und Offenheit im Hinblick auf die Persönlichkeit des Kindes und ihrer eigenen.

7.2 Nutzung von Beobachtungen im Prozeß der offenen Planung
Offene Planung – eine Alternative zur bisherigen Planungsart?

Die Nutzung von Beobachtungen ist die Grundlage für den Prozeß der offenen Planung, der sich laufend entwickelt.

A Sammlung von Fragestellungen

B Zielsetzung

C 1. Beobachtungsphase

D Auswertung: Analyse und Beschreibung der Beobachtungen

E Planung (Stoffsammlung) mit Kindern, Eltern und Erzieherinnen

F 2. Beobachtungsphase

G Durchführungsphase

H 3.Beobachtungsphase

I Reflexion

Die offene Planung ist grundsätzlich niemals abgeschlossen, sondern ständig voranschreitend. Die Beobachtungen bringen immer wieder sich ändernde Ausgangsbedingungen ein, und damit müssen wir „ErzieherInnen“ neu umgehen lernen. In der Praxis steht es mir offen, meinen geplanten Teil durchzuziehen oder mich von den Kindern lenken zu lassen, mit ihnen einen Weg zu gehen, den sie mitbestimmen können.

- Die offene Planung bezieht sich auf Erfahrungsbereiche der Kinder und kann nicht in Zeiträumen und Lernbereichen eingegrenzt werden. Die Sinnzusammenhänge in der praktischen Arbeit prägen diese Planung, und diese wird solange mit Kindern praktiziert, solange dieser Sinnzusammenhang für die Kinder wichtig ist.
- Das individuelle Planen für verschiedene Untergruppen berücksichtigt, daß nicht alle Kinder das gleiche Wissen, die gleichen Interessen, dieselben Erfahrungen zu einer Situation bzw. zu einem Thema haben. Das Kind dort abzuholen, wo es steht, ermöglicht, nur Angebote bereitzuhalten, die so verschieden sein können und nicht unbedingt in einem engen inhaltlichen Zusammenhang stehen müssen.
- Das Vermitteln von Fertigkeiten und das soziale Handeln darf nie getrennt in einer Planung erscheinen. Üben von Fertigkeiten sollte immer im Sinnzusammenhang stehen, aus dem die Kinder deutlich sehen, wozu eine bestimmte Fertigkeit gebraucht wird. Zu vorgegebenen Lernzielen wie „Körbchen basteln“ werden Inhalte wie – Freude am Schenken – gesucht, zum gegebenen Zeitpunkt.
- Wenn wir mit Kindern bewußt leben wollen, dann kann eine Planung ohne Kinder nicht stattfinden. Weiterhin soll das Erzieherinnenteam Eltern und andere Erwachsene mit einbeziehen, die mit dem Thema konfrontiert sind. Dies kann durch gemeinsame Gespräche und Überlegungen geschehen oder indirekt durch unsere Beobachtungen der Kinder im Spiel. Offene Fragen (Elternbefragung) und Überlegungen bei Elternabenden können eine große Bereicherung der Planung sein. Je mehr Ideen, Erfahrungen und Wissen über Kinder und Lebenszusammenhänge

zusammengetragen werden, umso vielfältiger, interessanter kann eine Planung aussehen.

- Lebensnah den Kindern etwas vermitteln heißt, in einer Lebenssituation ein Angebot aufgreifen, welches Lernorte außerhalb des Kindergartens einbezieht. Wichtig ist es, die Erfahrungswelt zu öffnen, was ein Hinausgehen aus dem Kindergarten wie auch das Hereinholen in die Einrichtung voraussetzt.
- Wenn Erzieherinnen, Kinder und Eltern gemeinsam Lebenserfahrungsräume erschließen und Lernprozesse anbahnen, verändert sich die Rolle der Erzieherin. Die Rolle des „Belehrens“ wird teilweise aufgegeben und verändert sich in ein gemeinsames „Lernen“. Auch die Erzieherin wird zur „Lernenden“. Die anregende und impulsgebende Rolle der Erzieherin wird dadurch nicht vermindert, sondern erfordert viel mehr Kompetenz und Weiterbildung. Die Planung und Durchführung der verschiedenen Arbeitsschritte muß von einem ständigen Reflexionsprozeß begleitet werden, um neue Ausgangspunkte einfließen zu lassen.

7.3 Wie kann ein solcher Kreislauf von Beobachtungen die offene Planung bestimmen? Erläuterungen am Thema: „Ich habe oft Angst und weiß gar nicht wovor.“

A Sammlung von Fragestellungen:

Ein Kind erzählt, daß ganz in seiner Nähe gestern Abend die Feuerwehrsirene zwei Mal losheulte. Das erste Mal beim Essen und noch einmal, als es im Bett war. Es hatte Angst, heulte und schlief in Mamas Bett.

Ein anderes Kind erlebt in seiner Umgebung eine Baustelle, und der hohe Kran wird vom Wind gedreht, was sich gruselig anhört. „Da habe ich große Angst, daß er auf unser Haus fallen kann!“

Jedes Kind wollte plötzlich Situationen erzählen, die ihm Angst bereiteten.

Fragestellungen zu A:
Was erzählen die Kinder?
Welcher Lebensbereich (Familie, Nachbarschaft, Fernsehen, Polizei) beschäftigt sie am meisten?

Haben sie ein besonderes Interesse? (Zeigen sie beispielsweise ein großes Interesse im Umgang mit Lupen?)
Was für Fragen haben sie?

B Zielsetzung: Mehrere Situationen sammeln und einzelne Situationen in Zusammenhang mit anderen beobachtbaren Situationen zu bringen.

Es wird uns nicht weiter helfen, wenn ich als Ergebnis feststelle: Christine hat Angst! Meine Beobachtungen zeigen mir, daß Christine bei jedem kleinen Lärm aufschreckt, sobald eine Erzieherin das Zimmer verläßt, folgt sie ihr. Sie kann sich in ein intensives Spiel nicht einlassen, fragt sofort nach jedem Geräusch: „Was war das jetzt?" Nach drei Tagen stellen wir fest, daß viele aus der Gruppe in dem Alltag Situationen einbauen, um Angstsituationen bzw. Schreckenssituationen erleben zu können. Es wurden Türme gebaut, die umgeworfen werden, um die anderen zu erschrecken.

Fragestellungen zu B:
Beschäftigt sich ein Kind mit dem Thema oder mehrere?
Inwieweit ist die ganze Gruppe davon betroffen?
Welche Äußerungen von Kindern müssen registriert werden?

C Beobachtungsphase: Alle Beobachtungsphasen begleiten den Alltag.

Ich muß darauf hinweisen, daß man nicht alles beobachten kann, daß wir gezielt vorgehen müssen. In dieser Phase geht es um die Kinder meiner Gruppe, um ihre individuellen Probleme unter dem Gesichtspunkt „Angst".

Fragestellungen zu C:
Wie kann ich feststellen, ob es noch mehr Kinder gibt, die Angst haben?
Wie erkenne ich solche Situationen?
Welche Möglichkeiten kann ich anbieten, um diese Situation besser zu beobachten (Wandertage, Gespräche usw.)?

Diese Beobachtungsphase sollte sich über einen längeren Zeitraum, ca. zwei Wochen, hinziehen, um verschiedene Situationen zu erleben. In dieser Phase ergaben sich neue Situationen, die uns in unserer Entscheidung hilfreich waren. Auf unseren Wanderungen fiel uns auf, daß die Kinder unter Brücken sehr gerne durchschlüpften. Ein Ereignis für einige war es, reinzuschlüpfen, eine Länge von acht Metern durchzukriechen und siegreich wieder rauszukommen. Teils waren es die Jüngsten, die dies machten, und eine kleine Gruppe schaute zu und meinte: „Nein, da unten ist es zu dunkel!"

Als nächstes schlängelten wir uns durch den Wald, die Kinder sammelten Schätze wie Äste, Blätter, Steine und anderes. Plötzlich knallte es in der Gegend, und schon ließen einige ihre gesammelten Schätze fallen, rannten zur Erzieherin und wollten an der Hand geführt werden. Diesen Knall mußten sie noch einige Male hören, und schon fehlten der Erzieherin die Hände, um alle Kinder festzuhalten. Tröstende und erklärende Worte halfen in dieser Situation nicht viel.

Ein anderes mal waren wir mit unserem Handwagen, voll mit Bällen und Seilen beladen, unterwegs, um auf dem Sportplatz zu turnen. Eine Oma stand vor der Haustüre und meinte, ob wir Äpfel wollten, sie hätte noch welche im Keller gelagert. Es war ein altes Haus mit einem tiefen Weinkeller, alten Stufen und einem modrigen Geruch. Die Hälfte unserer Kinder folgten der Oma, die anderen trauten sich nicht. „Da können doch Gespenster sein!"

Nebenbei wurden im Alltag Äußerungen der Kinder, das Verhalten einzelner im Rollenspiel, Spielhandlungen, die sonst weniger aufgefallen waren, festgehalten.

Sie werden erkennen, daß man gezielt und ganz sensibel Situationen in Zusammenhang mit einer bestimmten Umgebung erlebt und bewußt registriert.

D **Auswertung:** Analyse der Beobachtungen und Umschreiben der verschiedenen Situationen/ Suche nach Zusammenhängen zwischen den verschiedenen Situationen: Die Erzieherin ist gefordert, aus der Vielfalt der Situationen ein Thema zu formulieren (siehe: Leitfaden zur Themenfindung).

Fragestellungen zu D:
Was ist für das Kind bzw. für die Kinder der Gruppe sehr wichtig?

Wie kann ich den Kindern die Beobachtungen, Situationen erklären, um mit ihnen ein Thema daraus zu formulieren?

In dieser Phase ist es sehr wichtig, die Eltern zu informieren und miteinzubeziehen. Es gibt mehrere Möglichkeiten:

1. Den Eltern einen Fragebogen mitgeben:
- Meinen Sie, daß das Problem „Ich habe sehr oft Angst und weiß nicht wovor“ ein Thema für Ihre Kinder ist?
- Hat Ihr Kind Angst? Wovor?
- Wie äußern sich Ihre Kinder über ihre Ängste?
- Haben Sie Vorschläge, Anregungen, die man einbringen könnte?

2. Elternabend
   Die Eltern werden eingeladen, und zusammen wird die Stoffsammlung erstellt. Diese Bandbreite von Informationen ist sehr hilfreich, um verschiedene Angstsituationen aufzuarbeiten. Beispielsweise können Kinder, die beim Haarewaschen oder Nägelschneiden hysterisch werden, gezielt angegangen werden. Die Kinder und Eltern unterstützen die Erzieherin in der Entscheidung der Situationsauswahl. Erzieherinnen sind selbstverständlich die kompetenten Personen, die unterstützende Hilfestellungen bei Entscheidungen geben können.

3. Aushang mit Fragen, die sich für das Weiterentwickeln des Projektes herausstellen.

E Planung (Stoffsammlung) mit Kindern, Eltern und Erzieherinnen:

1. Mit den Kindern wird es im Rahmen einer Konferenz besprochen. Alle Kinder sollen sich zu Wort melden und in der Art von Brainstorming alles einbringen, was ihnen zum Thema einfällt. Alles wird aufgeschrieben und gesammelt, nochmals vorgelesen, dann besprochen und eine gewisse Reihenfolge gesucht.
2. Mit den Eltern wird zu den vorgegebenen Fragen ein Diskussionsabend veranstaltet. Trotz dieser Anhaltspunkte entsteht ein nettes, lockeres Gespräch, in dem offen über verschiedene Probleme diskutiert wird. Eine sehr bedeutende und anspruchsvolle Arbeit ist dieser Teil der Planung. Wichtig ist es, sich in die Situation der Kinder zu begeben, um die Kinder richtig zu verstehen.

H **2. Beobachtungsphase:** (Innerhalb des Themas werden Fragestellungen formuliert, um zur konkreten Durchführung zu finden.)

Wovon sind die Kinder direkt betroffen?
Welches Wissen haben die Kinder?
Welche Untergruppen kann ich bilden?
Was soll das Kind erfahren und erleben können?

Beispielsweise stellten wir fest, daß mit Hölzern und Stöckchen ein großer Kran gebaut wurde, den sie leider nicht zum Drehen brachten. Für viele war die Angst von Martin nicht erklärbar, da die Begeisterung über den Kran zu groß war. Einige Kinder hörten sich des öfteren das Gespräch an, konnten aber keinesfalls mitreden, und andere zogen sich zurück, sobald es zur Situation „Kran" kam. Als in einem Spiel ein Kran in der Mitte eines Zimmers aufgebaut wurde, verkrochen sich sechs Kinder, die, wie wir glaubten, sich nicht mit der Situation auseinandersetzten. Jede Beobachtung kann somit ein Bestandteil unserer Arbeit werden.

G **Durchführungsphase:** Aus der Stoffsammlung kann man einige methodische Vorgänge ableiten.

Die zentrale Frage bei der Durchführung sollte lauten: Wie kann ich alle Lebensbereiche der Kinder mit einbeziehen, um die Zusammenhänge für das Kind erkennbar zu machen?

Dieses Thema ist ein Projekt, das das ganze Jahr weitergeplant wird, und neue Impulse setzen kann.

Als Einstieg wurde die Feuerwehrsirene gewählt. Mit Funkgeräten, verschiedenen Piepstönen (Telefon) wurde in der Gruppe experimentiert. Eine Besichtigung der Alarmanlage, das mehrmalige Auslösen der Sirene, der Besuch der freiwilligen Feuerwehr, die Beteiligung an einer Feuerwehrübung standen auf dem Programm. Ein Feuerwehrauto wird im Intensivraum eingerichtet. Die Berufsfeuerwehr durfte nicht ausgelassen werden, und zwei Väter, die Feuerwehrmänner waren, wurden eingeladen. Nebenbei konnte die Farbe rot und das Thema Wasser miteinfließen. Das Haare-Waschen beim Friseur wurde in diesem Zusammenhang auch besprochen.

Als wir das Feuerwehrauto mit der ausziehbaren Leiter sahen, trat das Bild des Kranes wieder auf. Als nächstes wurde der Kran vor Michaels Haus besucht, und einige Kinder durften in der Kabine hochfahren. Als einige Tage später ein Wind aufkam, wollten alle das Schwanken des hohen Kranes sehen. Wir waren fast drei Stunden unterwegs und suchten auf Baustellen andere Kräne. Als nächstes luden wir einen Kranfahrer aus einer Baufirma ein, der absolut stolz war, daß er den Kindern etwas erzählen durfte und uns einen Duplo-Kran mitbrachte.

Weiter wurde das Thema „Dunkelheit" geplant. Es wurden Keller in alten Häusern besichtigt, ein dunkles Zelt wurde in der Gruppe eingerichtet, Türme an der Stadtmauer wurden angeschaut, Nachtwanderungen mit Vätern vorgenommen und Rübenlaternen gebastelt. Weiter ging es zum Thema „Gespenster". Jedes Kind machte sich ein Gewand aus einem Bettuch, wir besuchten die Burg in

Würzburg, es wurden viele Geschichten gehört. Einige Anregungen kamen von den Eltern, wie die Taschenlampendisco und „Wenn die Glühwürmchen tanzen“ (Malen mit Phosphorfarben).

Weiter ging es zum Thema „Angst vor dem Arzt, dem Zahnarzt oder dem Krankenhaus“. Wir besuchten Krankenhäuser, bauten eine Arztpraxis auf (siehe Foto, s.o.). Dann behandelten wir das „Fußnägel schneiden“: eine Frau, die Fußpflege macht, besuchte uns und zeigte uns ihre Arbeit. Sogar einen Rettungshubschrauber konnten wir durch einen Vater, der als Sanitäter arbeitet, besichtigen.

Auf ähnliche Weise laufen jetzt alle unsere Projekte, und wir sind uns einig, daß wir nicht mehr anders arbeiten könnten und wollten.

H 3. **Beobachtungsphase:** Fragestellungen zu dem beabsichtigten Schwerpunkt suchen

Welche Fragen kommen von den Kindern?
Ist die ganze Gruppe interessiert?
Wie lassen sie mich das spüren?
Was spielen sie in der Funktionsecke? (Arztpraxis, Dunkelzelt ect.)
Was brauchen sie zum Spielen?

I **Reflexion:** Sie bildet die Grundlage zum Weiterplanen

Fragestellungen:
Welche Erfahrungen konnten wir machen?
Welche Konflikte sind aufgetreten? (Karl geht nicht ins Haus der Berufsfeuerwehr usw.)

Anhand der Reflexion kann ich Sinnzusammenhänge schaffen, um von einem Thema zum Nebenthema überzugehen oder zwei oder mehr Themen parallel zu behandeln.

7.4 Wo bleibt der Jahreskreis im Alltag?

Die Jahreszeiten müssen bewußt erlebt werden, was wir mit unseren Wanderungen (einen Tag in der Woche), beim Besichtigen und Pflanzen in unserem Gemüsegarten, beim Ernten und Einkochen von Früchten fördern wollen.

So sah es während dieses Projektes aus:

Wichtig zu wissen und zu beachten ist, daß wir keinesfalls die religiösen Feste übergehen. Aber sie werden jährlich unter einem anderen Aspekt gefeiert.

Bei der Erntedankfeier wurden verschiedene Feuerwehrutensilien auf den Gabentisch gelegt mit dem Gebet: Danke, lieber Gott, daß die Feuerwehrmänner Helme, Funkgerät, Tauchanzüge usw. haben.

An St. Martin wurde das Teilen mit Wasser nachempfunden, nachdem wir eine Übung der Feuerwehrmänner erleben durften (Schläuche wurden an Hydranten angeschlossen usw.).

Weihnachten stand unter dem Schwerpunkt Dunkelheit: Das Licht aus der Dunkelheit bringt uns große Freude. Ein Licht sein für andere.

An Fasching waren die Gespenster aktuell.

An Ostern verbanden wir das Thema „Neues Leben entsteht" mit dem Besuch der Säuglingsstation einer Klinik.

Beim Sommerfest wurden in einem Spiellied auf die Melodie „Frösche in der Nacht" alle Lebewesen, die Angst haben, aufgezählt und dargestellt.

Im Laufe des Jahres tauchten immer wieder aktuelle Themen wie der Tod eines Meerschweinchens, der Arbeitsplatzwechsel einer Mutter oder die Einrichtung zweier Werkhallen im Industriegebiet auf, die nicht übergangen wurden und mit interessierten Kindern aufgegriffen wurden.

7.5 Im Kreislauf der offenen Planung sollte man folgende Schritte beachten (zugeordnet zu Kap. 7.2):

Zu Punkt A:

Sammlung von Fragestellungen zur Ausgangssituation:

Erkundung und Bestandsaufnahme über den Lebensraum Kindergarten, Lebensbereiche der Kinder und das sozialökologische Umfeld (Situationsanalyse: Wie sieht mein Einzugsgebiet aus):

Wo wohnen die Kinder?

Welche Freunde haben sie?

Was erleben sie in ihrer nahen Umgebung?

Aus welchen Familienverhältnissen kommen die Kinder?

Was ist mir aus dem Erstgespräch mit den Eltern bekannt?

Welche Information kann ich mir aus den Kindergesprächen, Rollenspielen oder Kinderzeichnungen holen?

Verhaltensbeobachtungen, gerade im Freispiel, sind unverzichtbare Hilfen für situationsorientiertes Arbeiten.

Zu Punkt B:
Zielsetzung heißt für uns im situationsorientierten Ansatz, daß das Kind jeden Lerninhalt oder jedes Angebot nachvollziehen kann. Die Lerninhalte und Lerngegenstände aus den bestimmten Lebensbereichen werden immer mit Themen verbunden, um den Kinder die Zusammenhänge erfahrbar zu machen, angefangen bei der Themenauswahl und der Themenformulierung. Diese Zusammenhänge sollten beachtet werden, da das Lernen von Kindern primär

- erlebnisbezogen und
- handlungsbezogen

abläuft.

Wichtig ist es, auf dem vorhandenen Wissensstand aufzubauen. Für das einzelne Kind heißt das, man muß es dort abholen, wo es steht (wegen der Gefahr der Unter- oder Überforderung).

- Inhalte dieser Zielsetzung sollte sein, Defizite jedwelcher Art, ob emotional oder auch intellektuell, besser zu berücksichtigen.
- Die unterschiedlichen Erfahrungen und Erlebnisse der Kinder können untereinander besser genutzt werden.
- Konkrete Hilfen für einzelne Kinder, für die Verarbeitung von Problemen (Scheidung, Tod eines lieben Menschen usw.) oder Konflikten.

Als Angebot sind auch Anregungen wichtig, die man den Kindern gibt, aus welchen sich ein größerer Freiraum für eigene Absichten entwickeln sollte.

Zu Punkt C:
Beobachtungsphase zu bestimmten Situationen:

Hier geht es um die Kinder aus der betroffenen Gruppe. Diese Beobachtungen dienen für die spezifische Planung für die Kinder dieser Gruppe und sind deshalb auch einmalig.

Fragestellungen für die Beobachtung:

Frage nach

- den Bedürfnissen des Kindes
- den Grundkenntnissen des Kindes
- den Wünschen des Kindes

Die Bedürfnisse der Kinder können verschiedener Art sein (Bedürfnis nach Bewegung, nach Wärme, nach Zuwendung, Kräftemessen usw.):

- Wie erkenne ich diese?
- Wann und wie kann ich mich danach richten?
- Welche Kinder sind betroffen?
- Wie zeigen Kinder ihre Gefühle?

Fragen nach den Grundkenntnissen:

- Wie kann ich auf dem vorhandenen Erfahrungsbereich aufbauen?
- Welche Möglichkeiten habe ich, die Kenntnisse der Kinder in Erfahrung zu bringen?

Fragen nach den Wünschen des Kindes:

- Was ist den Kindern wichtig?
- Wie kann ich etwas über Kinder erfahren?
- Welche Möglichkeiten gibt es, von Kindern ihre Wünsche formuliert zu bekommen?

In der Beobachtungsphase muß man sich immer wieder ins Bewußtsein bringen, wie ein Kind lernt.

Das Kind lernt über

- emotionale Prozesse
- aktuelle Bedürfnisse
- Spontaneität

Zu Punkt D:
Auswertung: Beschreibung und Analyse der Beobachtungen führt zur Themenauswahl.

Zur Situationsanalyse der Gruppe gehört ganz wesentlich die kritische Betrachtung des eigenen Erzieherinnenverhaltens, beispielsweise die persönliche Einstellung der Erzieherin, Vorerfahrungen, eigene Defizite, Werthaltungen, Toleranz, Offenheit, Sich-in-Frage-Stellen, sich von anderen in Frage stellen lassen, Wertschätzung der eigenen Person, der Mitarbeiter, der Eltern und der Kinder. Alle Situationen, die von den Beobachtungen beschrieben werden, müssen für
a) die aktuelle Situation des Kindes,
b) den Lebensalltag des Kindes,

c) für die Zukunft des Kindes von Bedeutung sein.
Ansätze zur Themenfindung können sein:

Die Kindergruppe:
Aufnahme von neuen Kindern, Gruppenkonflikte, Entwicklungsschritte eines einzelnen Kindes oder solche, die eine ganze Gruppe beschäftigen, Konflikte von außen, Nachrichten, Fernsehen.

Das einzelne Kind:
seine Ängste, Befürchtungen, Defizite, Krankheiten, Vorfälle in der Familie wie Familienzuwachs oder ein Todesfall in der Familie.

Die Jahreszeit:
Nur in Verbindung mit Themen aus den verschiedenen Lebensbereichen, um einen Zusammenhang zu erleben. Hier sind Vorgänge in der Natur, Umwelt, Schöpfung zu beachten.

Feste und Brauchtum:
Aus der Sicht des Kindes, welche Bedeutung hat es für das Kind?

Das Gemeindewesen:
A Pfarrei: Das Kind ist das jüngste und schutzbedürftigste Mitglied einer Pfarrgemeinde. Religiöses Erleben führt zum Hineinwachsen in die Pfarrfamilie.
B Politische Gemeinde: Erleben des Lebensraumes als Heimat, Einrichtungen kennenlernen wie z.B. Ämter, Institutionen für Dienstleistungen, Vereine usw..

Förderung von Fähigkeiten und Fertigkeiten aus den verschiedenen Bereichen:
- emotionaler Bereich
- kreativer Bereich
- Körperbewußtsein
- sozialer Bereich
- kognitiver Bereich

Wichtig bei diesen Bereichen ist es, daß sie nie isoliert herausgenommen, sondern als Fähigkeiten im Gesamtzusammenhang angesehen werden.

Anregungen von Eltern, die aus den Beobachtungen aus der häuslichen Umgebung der Kinder stammen. Beispielsweise können dies Beobachtungen von Veränderungen an den Kindern durch den Kindergartenbesuch sein. Besondere familiäre Situationen sollten nicht unbeachtet bleiben.

Zu Punkt E:

Stoffsammlung zum Thema mit Kindern, Eltern und Erzieherin:

Es ist ein Zusammentragen von Erfahrungen, Wissen und Erlebnissen zur Thematik.

Das Thema ist mit den Kindern festgelegt und verständlich formuliert.

Brainstorming: „Was fällt euch zum Thema ein?"

Hier gilt die Regel: Wir sammeln alles, schreiben alles auf, denn alles ist wichtig, und danach schauen wir, ob wir es erfüllen können.

1. Wie läßt sich das Thema umreißen? Was ist der Kern der Sache?

Die Themenformulierung wird nach dem Inhalt durchleuchtet: Was ist eigentlich die Sache der Situation?

Was ist daran das Bedeutsame für Kinder?

Hier ist die zentrale Frage, welchen Lebensbereich wir mit dem Thema verbinden können, um es den Kindern anschaulich zu machen. Es muß kindgemäß aufgearbeitet werden.

2. In welchem Zusammenhang ist oder war das Thema für mich selbst von Bedeutung? Inwieweit ist es mir vertraut?

Dieser Abschnitt soll uns das Einfühlen in die kindliche Ausgangssituation ermöglichen, daß wir das Verhalten mancher Kinder besser nachvollziehen können. Dadurch fühlen sich die Kinder ernstgenommen, und so manches Verhalten wird nicht als „auffällig" bewertet.

Wichtige Fragen sind:

Habe ich mich als Kind oder in der Ausbildung damit beschäftigt?
Welche Erfahrungen habe ich damit gemacht (als Kind und später)?
An welche Erlebnisse oder Fragen kann ich mich erinnern?

3. Was weiß ich selbst zum Thema?
Dieser Punkt hilft der Erzieherin, sich für ein entsprechendes Thema sachkompetent zu machen. Wichtig ist es, bei Fragen Material zu holen, um mit den Kindern gemeinsam nach Antworten zu suchen. So wurde ich gefragt: „Wie schläft die Spinne?“ Aus der Bücherei holten wir uns ein Sachbuch und suchten die Stellen, die die Frage beantworten.

- Welche Sachkenntnis habe ich?
- Was weiß ich nicht? Was interessiert mich davon heute?
- Wie und wo kann ich mich kundig machen?
- Wen könnte ich an der Bearbeitung des Themas beteiligen?

4. Was gehört alles zum Thema?
Um ein Thema in Zusammenhang mit einem Lebensbereich aufzuarbeiten, sind folgende Fragen wichtig:

- Inwieweit sind die Eltern davon betroffen?
- Welche weiteren Themen und Sachgebiete werden gestreift?
- Welche Themen, Ideen, Projekte können sich daraus entwickeln?

Zu Punkt F:
Eine neue Beobachtungsphase, um gezielt voranzugehen.

Sie soll helfen, das unterschiedliche Wissen festzustellen und danach in Kleingruppen meine Ziele nach folgenden Fragen zu formulieren:

- Was möchte ich beim Kind erreichen?
- Was soll es erfahren?
- Was ist für das einzelne Kind spezifisch?

Aus diesem Fragekatalog kann man gezielt einige Fragen der Situation entsprechend aussuchen und zur Fragestellung machen:

- Bei welchen Gelegenheiten beschäftigen sich die Kinder damit?
- Was tun sie? Was probieren sie aus?
- Welche Erlebnisse haben sie in Zusammenhang mit dem Thema?
- Wie und was sprechen sie darüber? Mit wem?
- Welche Fragen haben sie? Was ist der Wissensstand?
- Welche Rolle spielt das Thema in ihrem Leben und im Kindergarten?
- Welche Ideen bringen sie selbst ein?
- Was habe ich nicht mitbekommen und möchte ich dennoch gerne wissen?

Zu Punkt G:
Den Raum d.h. alle Lebensbereiche miteinbeziehen.

Wichtig ist eine Raumgestaltung mit aufforderndem Charakter, dem Thema entsprechend. Auch Spielbereiche für ein spontanes Spiel umgestalten und erweitern!

Wichtig ist es, daß das Kind den Alltag als eine Einheit erlebt und daß das Thema als Ganzes erfaßt wird.

- Zusammenhänge, die für die Erwachsenen eindeutig sind, kann das Kind oft gar nicht erkennen.
- Kinder haben oft andere – aber berechtigte – Interessen an Dingen als Erwachsene.

  Die folgenden Fragen sollen den Einstieg erleichtern:
- Was läßt sich aufgreifen von dem, was die Kinder tun?
- Welche Anregungen für die Weiterentwicklung sind sinnvoll?
- Was für Angebote kann ich machen, um mehr von den Kindern zu erfahren?

Zu Punkt H:
Beobachtungsphase: Aus dem Reflektieren unseres Tuns werden immer wieder neue Fragen zum Weiterentwickeln der Planung, zum Suchen neuer Ansatzpunkte notwendig sein.

Angebracht ist es, daß eine Kollegin des öfteren alles mitschreibt, wenn beispielsweise ein Buch angeschaut wird, Gespräche geführt oder Rollenspiele gespielt werden. Beim Analysieren merken wir, daß die Erzieherin, die das Angebot geleitet hat, vieles überhört hat und nicht für wichtig fand.

Zu Punkt I:
Reflexion

Wenn Sie diesen neuen Weg einschlagen, werden Sie schnell erkennen und erfahren, daß ohne zu reflektieren und zu hinterfragen, diese Arbeit unmöglich ist.

Fragen zur Reflexion können sein:

- Was ist gelaufen?
- Was ist an Entwicklungen, Erfahrungen, Erkenntnissen herausgekommen?
- Was haben unsere Kinder erlebt?
- Was haben die Kinder, Eltern, ich selbst davon gehabt?
- Was habe ich selbst daraus gelernt?
- Welche Konflikte sind aufgetreten?
- Was müßte ich bei der nächsten Gelegenheit anders machen?

Wichtig:

Die Eltern müssen unbedingt schon frühzeitig bei der Planung eingeschaltet werden, damit sie zu Hause und im Kindergarten aktiv am „Arbeitsprozeß“ mitmachen können.

8 Grundregeln unseres „neuen“ Alltags

Kinder, die man respektiert, lernen Respekt. Kinder, die man bedient, lernen dienen, dem Schwächeren dienen; Kinder, die man so liebt, wie sie sind, lernen auch Toleranz.

Auf diesem Boden entstehen ihre eigenen Ideale, die gar nicht anders als menschenfreundlich sein können, weil sie aus Erfahrung der Liebe hervorgehen.

(Alice Miller)

Unser Kindergarten soll für unsere Kinder ein Raum für lebensnahes, kindgemäßes Lernen sein! Er soll Spiel-, Lern- und Lebensraum sein.

Dazu hatten wir uns folgende Grundsätze aufgestellt:

- Akzeptieren und Annehmen des Kindes;
- das Kind mit seinen Bedürfnissen und Eigenarten ernst nehmen;
- liebevoller und partnerschaftlicher Umgang miteinander;
- Achtung des Kindes in seiner Persönlichkeit.

Wir müssen lernen, ihnen ihre Rechte zuzugestehen und sie dadurch zu selbständigen, handlungsfähigen und liebenden Menschen zu erziehen.

Jedes Kind will und muß mit seinem Umfeld in Kontakt kommen und lernen, darin zu leben. Es will in seinem Handeln und Tun selbst „Akteur seiner Entwicklung“ sein, das bedeutet für uns, ihm AUTONOMIE zuzugestehen. Es braucht liebevolle Anwesenheit, Unterstützung und Achtsamkeit, jedoch auch unsere Zurückhaltung und Vertrauen in seine Eigenkräfte, um Selbstbewußtsein und Selbständigkeit entwickeln zu können.

8.1 Entwicklung von sozialen Fähigkeiten

In der Gruppe erlebt das Kind unterschiedliche Positionen. Es kann einmal eine führende Rolle spielen und ein anderes mal muß es sich unterordnen. Durch das gemeinsame Tun und Spielen lernt das Kind, mit anderen Personen so wie mit verschiedenen Sachen umzugehen. Es lernt auch seine Fähigkeiten kennen und einschätzen. Das Kind lernt dadurch, seine Wünsche und Meinungen in der Gruppe durchzusetzen und auch die berechtigten Ansprüche anderer zu achten und zu akzeptieren.

Die Kinder bestimmen, wann, wieviel und ob sie überhaupt essen möchten.

Praxisbeispiel: Das gemeinsame Essen
Wir fühlen uns nicht dafür verantwortlich, wann und wieviel das Kind ißt; wir geben dem Kind die Verantwortung und akzeptieren, wenn es keinen Hunger hat.

Julia, zum Beispiel, hatte jeden Tag eine Brotzeit, welche für das gleitende Frühstück und das gemeinsame Vespern (mittags) vorgesehen war. Zwei, drei Wochen lang saß Julia ab 8 Uhr 30 an der Frühstückstheke und machte „Brotzeit" mit zwei bis drei Tassen

Tee. Mittags kam sie angerannt: „Ich habe nichts mehr zum Essen.", „Habe schon alles aufgegessen." Anfangs gaben die Kinder ihr was ab, aber nachdem es regelmäßig vorkam, bekam sie nichts mehr, und es wurde mit den Eltern ein Weg gesucht, um das Essen neu zu regeln. Für sie war es ein langer Lernprozeß, sich ihr Essen einzuteilen, wie alle anderen auch, und die Erfahrung, „hungern zu müssen", beschleunigte den Prozeß.

Wir sind stets bemüht, eine entspannte Atmosphäre in den Frühstücksecken zu haben.

Die Kinder versorgen sich mit Tee, achten auf Ordnung, hinterlassen einen sauberen Platz (sie spülen Teller und Tassen und räumen alles auf). Wir bieten zum Trinken verschiedene Teesorten und Mineralwasser an und möchten keine Getränke von Zuhause mitgebracht haben.

Ich muß spülen, abtrocknen, aufräumen und meinen Platz sauber verlassen. Das nächste Kind, welches essen möchte, braucht einen sauberen Platz.

8.2 Achtung vor dem Werk des Kindes

Achtung vor dem Werk des Kindes, dieser Anspruch ist oft nur für einen bestimmten Zeitraum einzuhalten. Geht ein Kind Brotzeit machen, oder will es auf der Spielstraße oder in einer anderen Gruppe weiterspielen, so muß es gefragt werden, ob es sein Werk frei gibt und ob andere Kinder weitermachen können.

Praxisbeispiel:
Benedikt hat mit verschiedenen Materialien auf dem Bauteppich eine Burg gebaut. Mit viel Liebe und großer Ausdauer waren kleine und große Steine eingereiht, Muscheln und Korken aufgestellt. Es war sehr schön. Nach eineinhalb Stunden Bauzeit mit noch zwei anderen Kindern packt ihn der Hunger, und er geht in die Frühstücksecke. Zu den zwei anderen gesellen sich zwei neue Kinder und wollen begeistert weiter machen. „Du", sagt Bastian, „zuerst muß ich doch Benedikt fragen, ob ich mit Filz alles auslegen darf!" Er geht zu Benedikt, erklärt ihm sein Vorhaben, und er darf weitermachen, bis Benedikt zurückkommt.

Die Regel des Fragens und Miteinander-Redens wird leicht und schnell akzeptiert.

8.3 Kinder dürfen und müssen Entscheidungen treffen

Wollen Kinder beispielsweise auf die Toilette gehen, so müssen sie nicht fragen! Jüngere Kinder geben Bescheid oder signalisieren ihr Bedürfnis. Sie können alleine oder zu zweit gehen und ohne Aufsicht. Wenn sie das Bedürfnis haben, dürfen sie sofort gehen. Machen die Kinder in die Hose, werden sie mit Reservewäsche umgezogen. Wir versuchen, ohne Beachtung und Aufmerksamkeit das Malheur zu übergehen.

Unsere Kinder entscheiden,
- was sie spielen, werken usw.,
- mit wem sie etwas machen,
- wo sie was machen können.

Wir fordern kein Kind auf, dies oder jenes zu tun, wenn es zu uns in die Gruppe kommt. Diese selbständige Entscheidung ist eine wichtige Lernerfahrung, die jedes Kind machen muß. Ein Kind kann sich herumdrücken, schauen, es wird von uns nicht aufgefordert, „was zu spielen“ oder sich sonst zu beschäftigen. Spielpartner suchen die Kinder sich selbst aus. Sie dürfen auch ein Kind ausweisen und „nein“ sagen. Auch dies muß ein Kind akzeptieren lernen.

Bei uns darf und kann ein Kind auch gar nichts tun. Wir haben doch auch nicht immer Lust, was zu machen. Es darf bei uns herumsitzen, beobachten, zuschauen; Ruheminuten, die positive Auswirkungen haben.

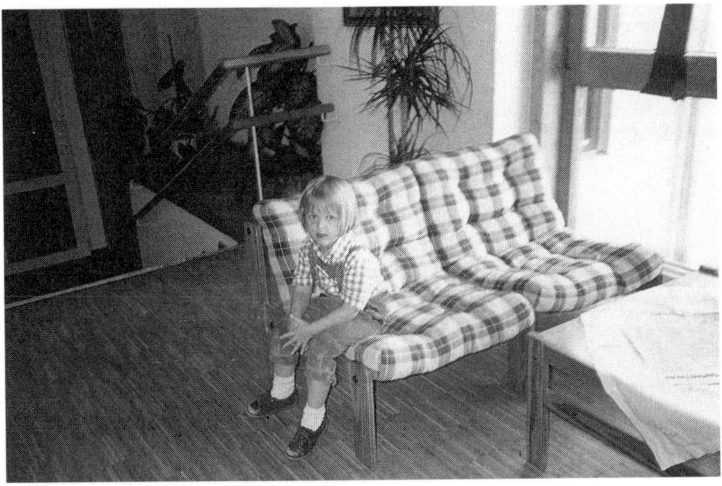

„Einfach mal gucken – ist doch schön!“
In jede Gruppe mal hineinschnuppern, was die machen und zwischendurch ausruhen, überlegen, was es zu tun gibt.

Nur darf diese Situation nicht zum Alltag werden, denn dann heißt es, sie zu hinterfragen, denn irgend etwas stimmt vielleicht nicht. Da ist die Erzieherin gefordert, neue Wege zu suchen, um das Kind zu motivieren. Die Aussage von Celestin Freinet: „Der Geist ist nicht eine Scheune, die man füllt, sondern eine Flamme, die man nährt", gab uns den Anstoß, unsere Konzeption zu durchleuchten. Scheunen, die man füllt, das können auch Schubfächer sein, die wir mit angeleiteten Beschäftigungen, Angeboten, Vorschlägen füllen können.

Die Nahrung für die Flamme kann nur die Freude und Motivation sein, sich selbst mit einer Sache auseinanderzusetzen – ein kreativer Arbeitsprozeß.

Praxisbeispiel:
Ein Kind kommt täglich in die Gruppe, steht herum, spaziert hin und her und weiß nicht, was es anfangen soll. Sobald die Erzieherin aber etwas angeboten hat, war es immer präsent und wollte immer als erstes mitmachen.

Erschreckend war es für die Erzieherin, als sie feststellen mußte, daß es als sechsjähriges Kind bei allen Angeboten mitmachte (oft zwei bis drei mal täglich bei denselben) und kein Problem hatte, mit den Dreijährigen zu schnippeln. (Für uns war dies ein Fall des „Scheune-Füllens"). Es ging acht Wochen so dahin, bis die Eltern informiert wurden und das Erzieherteam der Gruppe zusammen mit ihnen die Situation des Kindes (Zuhause, im Kindergartenteam, Freunde usw.) analysierten. In Absprache mit den Eltern wurde in der Gruppe über fünf Tage kein Angebot gemacht, die Erzieherin hielt sich sehr zurück, und am sechsten oder siebten Tag begann es langsam zu spielen, strahlte eine Zufriedenheit und Freude aus und darf nun sehr oft angeben, was oder wie gespielt wird.

Dieser Lernprozeß, eine Entscheidung zu treffen und zu vertreten, kann durch DRUCK der Erzieherin allerdings auch verzögert werden.

8.4 Gleiches Recht für alle Kinder

Alle Spielsachen und Materialien sind für alle Kinder da, egal wie alt, wie geschickt ein Kind ist, und ob es damit umgehen kann.

Ein dreijähriges Kind kann nur dann mit Schere, Papier, Uhu umgehen lernen, wenn dies zur freien Verfügung steht. Es soll die Möglichkeit haben, seine Erfahrungen selbst zu machen!

Die Regeln gelten für alle Kinder!

Da unser Kindergarten ein großer Freiraum für die individuelle Gestaltung des Tages bietet, muß es Regeln und Absprachen geben, an die sich Kinder und Erzieherinnen verbindlich halten. Wir haben sehr wenige Regeln. Diese werden mit den Kindern erstellt und besprochen, klar formuliert, so daß sie für die Kinder nachvollziehbar sind.

Die Folgen einer Nichtachtung von Regeln wird auch mit den Kindern festgelegt. Zusätzlich gibt es je nach der Situation Absprachen, die flexibel gehandhabt werden. Die Interessen des einzelnen Kindes werden ernst genommen, wir versuchen, diesen nachzugehen und in unserem Alltag zu beachten. Beispielsweise können, wenn eine Gruppe außer Haus ist, Kinder aus einer anderen Gruppe in die Bewegungsbaustelle. Absprachen werden auf einer Vertrauensbasis getroffen. Die offene Arbeit und Atmosphäre beruht auf folgenden Bestandteilen:

- Gegenseitiges Vertrauen und Achtung
- Gleichberechtigung der Bedürfnisse
- Reflektieren der Grenzen jedes Einzelnen
- Eine gute sprachliche Verständigung

Der Erwachsene muß sich selbst klar und deutlich ausdrücken, er muß dem Kind helfen, dies ebenfalls zu tun. Dieser Lernprozeß, Verantwortung zu übernehmen und zu tragen, kann durch die Geduld der Erzieherin erreicht werden.

8.5 Gefühle und Stimmungen werden akzeptiert, zugelassen, ausgelebt

Gefühle kann man nur erleben, wenn man Zeit dazu hat. Das heißt, die Erzieherin muß die Zeit dazu haben, sie zu beobachten und auf die Kinder einzeln einzugehen. Manchmal haben Kinder das Bedürfnis, sich zurückzuziehen, um Erlebnisse zu verarbeiten oder weil sie sich nicht wohlfühlen. Das Kind bekommt von uns in diesen Stimmungssituationen sichtbare Zeichen, daß es auf uns zugehen kann. Lachen und Weinen, Wut und Toben sind Gefühle und Stimmungen, die die Kinder für ihre Entwicklung brauchen. Jedes Kind hat das Recht, wütend und trotzig zu sein oder zu toben; sollte eine extreme Stimmung sich sehr oft wiederholen, so werden wir mit den Eltern sprechen.

Besondere Beziehungen zwischen Kindern werden auch ernst genommen und berücksichtigt (damit verbundene Sitzwünsche, Miteinander-alles-Machen usw.). Für diese Gefühle sind die Kinder keinesfalls zu klein.

8.6 Diskussionsleitfaden zur Zielformulierung

Es ist gar nicht so einfach, pädagogische Ziele zu formulieren. Einerseits gibt es sehr viele, die sozusagen allgemein und überall zu gelten scheinen. Andererseits geht es ja um die konkrete Zielsetzung für die eigene Arbeit.

Um im Team sinnvoll über Ziele für die pädagogische Arbeit in der Einrichtung diskutieren zu können, ist es Voraussetzung, daß jeder erst einmal die Klarheit über die eigene Zielsetzung hat und diese auch formulieren kann, auch wenn es uns manchmal schwer fällt.

Folgende Schritte kennzeichnen den Diskussions- und Denkablauf konzeptioneller Überlegungen:

A Formulieren und Begründen unserer pädagogischen Ziele (was will ich erreichen – warum, wieso?)
B Eigenes pädagogisches Handeln (wie erreiche ich meine Ziele?)
C Analyse meines Vorhabens (was habe ich erreicht?)
D Voraussetzungen für weiteres Handeln suchen (Überdenken der Arbeits- und Lebensbedingungen der Beteiligten)

Praxisbeispiel zum Thema: Soziale Fähigkeiten
zu A Ziel der Erzieherin: Die Kinder sollten lernen, sich allein oder mit anderen Kindern mit verschiedenen Materialien auseinanderzusetzen.

zu B Die Erzieherin handelte: Mit den Kindern wird der Gruppenraum mit den verschiedenen Funktionsecken eingerichtet. So gab es einen Mal-, Bastelbereich mit frei zugänglichem Material, Baulandschaft, Nuck-Muck-Landschaft und eine Kuschelhöhle. Die gesamte Gruppenatmosphäre war sehr ruhig, es wurde konzentriert und ruhig gespielt.

zu C Es gab wenige Situationen im Alltag, in denen die Kinder als Gruppe zusammen waren. Diese Konsequenz aus der Analyse gefiel der Erzieherin nicht, da sie das Ziel hatte, die Gruppenfähigkeit zu fördern. Sie wollte in Zukunft Situationen bewußter suchen, d.h. Situationen im Alltag aufgreifen, in denen auch einmal Gruppen etwas gemeinsam machen. Diese Analyse führte zur Suche nach neuen Möglichkeiten.

zu D Voraussetzungen für weiteres Handeln: Die Erzieherin suchte neue Aktivitäten, Situationen in und außerhalb der Einrichtung.

Anhand dieses Vorgehens werden weitere Ziele formuliert, die über Punkt A hinausgehen!

9 Von den Impulsen der Kinder gehen wir aus und greifen diese in unseren Angeboten auf

9.1 Pädagogische Arbeit in unserer Einrichtung

Ein Grundsatz leitet unsere pädagogische Arbeit: Wir wollen den Lebensraum Kindergarten mit all seinen Möglichkeiten als Angebot betrachten und voll ausschöpfen. Hier soll vieles so angelegt werden, daß es die Kinder zum selbstbestimmten Tätigwerden herausfordert. Es geht uns dabei um Fragen nach der Gestaltung der Räume, des Tagesablaufes, der Materialauswahl und um Arbeitsansätze zur Förderung von Kindern. In einer Umgebung, in der Kindern zunehmend die Möglichkeit zum selbstbestimmten Handeln genommen wird, ist es unsere Aufgabe, Kindern einen großen Freiraum zu geben. Wir wissen, daß die Entwicklung des Denkens, der Sprache, der Identität davon abhängt, wie Kinder sich ihre Welt spielerisch und selbstbestimmt erobern können. Sie brauchen Möglichkeiten zum Handeln und Erproben. In diesem Alter sind Spielen und Lernen ein Element, denn das Spielen ist die wichtigste Form des Lernens. Darüber hinaus entwickeln sich Projekte, Themen und Angebote aus den Interessen und dem Wissensstand der Kinder, die von der Erzieherin in einer offenen Planung, gemeinsam mit den Kindern und Eltern, realisiert werden. Dabei steht die Durchführung eines Angebotes immer hinter den Bedürfnissen der Kinder am „heutigen Tag" zurück.

So gilt es für uns, zu lernen, eine Situation richtig einzuschätzen, zu merken, was für das Kind wichtig ist, und mit dem Kind darüber zu sprechen. Auch wenn wir ein Angebot heute vorlegen, aber dann merken, daß die Kinder eigenständige Spiele entwickeln, dürfen wir diese nicht abbrechen. Oder sie haben das Bedürfnis, rauszugehen oder alleine gelassen zu werden, dann bin ich gefordert, es zu erkennen und meine Projektarbeit zurückzustellen.

9.2 **Praxisbeispiel:** Erkundungsgang im Herbst

Wir besprachen mit den Kindern, eine Wanderung zu machen, ohne ein Ziel festzulegen oder die Strecke zu planen. Wir Erzieherinnen nahmen Tüten mit, um das „traditionelle“ Sammeln von Blättern, Kastanien und Tannenzapfen zu ermöglichen. Wir standen vor der Haustür, marschbereit, von zwei Kindern angeführt, und sie bestimmten den Weg und die Richtung. Bei uns dürfen immer zwei Kinder die Richtung der Wanderung bestimmen. Verkehrsregeln müssen allerdings eingehalten werden: am Bordstein halten, bis die Gruppe versammelt ist, dann links, rechts, links schauen und geradeaus überqueren!

Wir gingen mindestens schon eine halbe Stunde vorbei an Kastanienbäumen, an bunten Blättern von wildem Wein, und zu unserer Enttäuschung bückte sich kein Kind, um die vorgesehenen „Bastelnaturalien“ der Erzieherinnen aufzuheben, aber wir gaben auch keine Hinweise. Wir hatten nur zu antworten und auf das zu schauen, was uns überhaupt nicht aufgefallen war, die Kinder aber oft sehr lange bewunderten. Plötzlich kamen wir zu Hagebuttensträuchern, und schon standen vier bis fünf Kinder da und pflückten die Hagebutten, und unter dem nächsten Strauch saßen weitere Kinder. Trotz „stachliger Angelegenheit“ und Tränen gaben sie nicht auf. Es wurden immer mehr Hagebutten in der Tüte und das Lied „Ein Männlein steht im Walde“ wurde gesungen, so laut es nur ging. Sehr erfreut und amüsiert über ihre Schätze zogen sie singend weiter.

Eine andere Gruppe kämpfte ganz bewußt mit dem Wind. Es war ein sehr windiger Tag und die Erfahrung, schwer vorwärts zu kommen, machte sie neugierig. Und sie erprobten, was der Wind wegbläst und was er nicht schafft zu bewegen. Leere Tüten bläst der Wind weg, Taschentücher und leichte Mützen. Verschiedene Steine legten wir auf die Straße; die schaffte er nicht. Die Richtung des Windes wird festgestellt. Wir versuchen, gegen den Wind zu laufen, was viel Kraft braucht, lassen uns vom Wind antreiben, gingen auf dem Heimweg rückwärts usw..

Es war ein erlebnisreicher Tag, und als es hieß, jetzt (nach drei Stunden) müssen wir in den Kindergarten zurück, protestierten alle miteinander. Außer drei Kindern, die mal bei der Hagebutten-Gruppe, mal bei den Windkindern guckten, waren alle beschäftigt und merkten überhaupt nicht, wie lange sie sich mit den Herbstdingen beschäftigt hatten.

Am nächsten Tag wurde ein Gespräch über die zwei Themen geführt, und die drei Kinder, die an beiden Gruppen Interesse gezeigt hatten, mußten sich jetzt entscheiden. Ab jetzt stand fest: es würde zwei Projekte geben, Hagebuttenkinder und Windkinder. Die zwei Gruppen wurden getrennt, und mit den Kindern gemeinsam wurde überlegt, was wir zu diesem Thema alles machen können und wollen.

Wir selbst gaben Anregungen und Hinweise, beantworteten und stellten Fragen und waren bereit, mit den Kindern einiges zu erfahren.

Beim Thema „Hagebutten" machte das Erzieherinnenteam eine Stoffsammlung für eine offene Planung, formulierte seine Ziele und bereitete einige konkrete Angebote vor.

Als erstes Angebot zeigte uns eine Mutter, wie wir die Hagebutten aufschneiden und trocknen müssen. Die Kinder schleppten Bücher und Poster herbei, und wir erarbeiteten gemeinsam das Wissenswerte:

- Was für Früchte sind die Hagebutten?
- Wo finden wir sie überall?
- Was macht man daraus?
- Braucht man sie?
- Wie kocht man Marmelade, wie schmeckt sie?

Nach drei bis vier Tagen durften wir den ersten Tee kochen. Der Tee war ruck-zuck getrunken. Ja, als die Stoffsammlung über Hagebutten fertig war, stand in ihrem Interesse viel stärker das Teekochen und Teesorten: „Meine Mama kocht mit einem Tee-Ei", „Meine im Kocher." Also zur Marmelade kamen wir nicht mehr, Backen mit Marmelade war auch nicht mehr Gegenstand, und nach 14 Tagen planten wir wieder mit unseren Kindern das Thema Teekochen und verschiedene Teesorten. Für dieses Thema wurde von uns eine Stoffsammlung gemacht, eine Zielsetzung ausgearbeitet, und so kochten wir bis Ende November Tee mit dem Nebenthema St. Martin. Eine Mutter zeigte uns, wie man richtig Tee kocht, wir bekamen ein schönes Teeservice geschenkt und gingen in einen Teeladen und lernten verschiedene Teesorten kennen. Bei unserem Martinsfest wurde der Aspekt miteinbezogen, indem wir Tee mit der Windgruppe teilten. Als Höhepunkt unseres Projektes wurde ein „Teefest" mit einigen Müttern gefeiert.

Parallel lief das Projekt Wind. Mit den Kindern wurde gemeinsam überlegt, was wir über den Wind wissen möchten. An die Pinnwand kam, wie zu jedem Thema, ein Zettel als Ideenbörse für unsere Eltern: „Sie haben bestimmt Ideen, was man zum Thema Wind machen könnte!"

Das Erzieherinnenteam machte die Stoffsammlung für seine offene Planung und versuchte, die Räume den zwei Themen entsprechend zu gestalten. Ein Ventilator wird aufgestellt, ein Tisch für Blaswettspiele eingerichtet usw.. Es waren vorwiegend ältere Kinder, die sich voll miteingebracht haben und so das Thema weiter entwickelten. Wir hatten Dias über den Wind angeschaut, waren sehr viel unterwegs, um verschiedene Situationen zu erleben, so haben wir beispielsweise Sturmschäden festgestellt. Viele Alltagsarbeiten ließen uns die Auswirkungen des Windes erleben: Wäsche gewaschen und vom Wind getrocknet, Laub zusammengekehrt, der Wind wehte die Blätter von den Bäumen, auf dem Fluß wurde allerhand Unrat hineingeweht usw.. Das Thema Windmühle schaffte den Übergang zum nächsten Thema: Müller – Bäcker – Brot backen.

Es war ein wunderschönes Erlebnis, den Herbst mit diesen zwei Themen zu erleben und lebensnah über eine längere Zeit bewußt zu erfahren. Wichtig für unsere Planung und Angebote ist es, daß die Kinder ihre Erfahrungen lebensnah machen können.

9.3 Was muß ich planen?

„Muß ich den Herbst oder andere Jahreszeiten explizit zum Thema machen?“ Dies war eine wichtige Frage im Team. Wir gehen fast täglich ins Freie und beziehen ganz bewußt unsere Umgebung bei jedem Erkundungsgang ein, indem wir beobachten und besprechen, was wir sehen. Jedes Kind merkt, daß die Blätter gelb werden, Blumen abblühen, Bäume kahl werden. Auf Fragen gehen wir an Ort und Stelle gezielt ein, schauen uns jedes Detail genau an, so daß es passiert, daß wir eine Stunde unter einem Baum stehen, Raupen anschauen oder Blätter bewundern. Oft marschieren wir am nächsten Tag mit Sachbüchern los, um genauere Informationen griffbereit zu haben und zu vergleichen. Wir bleiben dort stehen, wo es die Kinder interessant finden. Beispielsweise warteten wir 25 Minuten gemeinsam, bis die Sonne aufging.

FAZIT:
Wenn wir mit offenen Augen durch die Gegend gehen, die Fragen der Kinder berücksichtigen, so ergibt sich automatisch eine Planung, in die die Jahreszeiten einfließen.

9.4 Weshalb machen wir diese Projekte, Themenbereiche und Angebote? Warum sind sie für uns wichtig?

Das bewußte Leben mit Kindern bietet viele Erfahrungsfreiräume und hat uns spüren lassen, daß Kinder einen großen Wissens- und Forschungsdrang haben, der unmittelbar aus einer spezifischen Lebenssituation entsteht. Aus diesem Wissensdrang heraus ermitteln wir durch unsere Beobachtungen ein Thema und versuchen, die Kenntnisse der Kinder weiter zu führen. Bildungsprozesse müssen am Erlebnishintergrund der Kinder anknüpfen und eine Nähe zur Lebenswirklichkeit der Kinder haben.

Erlebnisse der Kinder und spontane Interessen an einem bestimmten Themenbereich sind für Lernprozesse ebenso zu nützen wie Gegebenheiten der Umwelt.

Ein Projekt mit seinen bestimmten Angeboten soll die aktuellen Aufgaben lösen und motiviert die Kinder, sich mit einem bestimmten Sachverhalt auseinanderzusetzen oder ein bestimmtes Arbeitsziel zu erreichen. Solch ein Projekt wird gemeinsam geplant, nur die Arbeitsschritte ergeben sich in der Auseinandersetzung mit dem Sachverhalt. Für die Kinder ist es wichtig, daß alle Kinder an diesem Projekt arbeiten, aber nicht das Gleiche machen. Damit Kinder auf bestimmten Sachgebieten erfolgreich sein können, ist es notwendig, den jeweiligen Lernvorgang in aufbauenden, aufeinander bezogenen Lernschritten zu vollziehen. Für die Kinder ist es sehr wichtig, Angebote wie Bewegungserziehung, Musikalische Erziehung, Techniken für das Bildnerische Gestalten, die bestimmte Anleitungen brauchen, in Projekten zu planen. Jede ernsthafte Auseinandersetzung mit einem Sachthema wird dem Kind ein gründliches Sachwissen vermitteln, und die Lernprozesse haben Auswirkungen auf die intellektuelle Wachheit, auf die Arbeitshaltung bei einem Werk und setzen Wertmaßstäbe im Verhalten.

9.5 Die veränderte Rolle der Erzieherin im Umgang mit der offenen Planung

Die neu gewonnene Freiheit ermöglicht es, die Individualität des Einzelnen mit all seinen Stärken, Schwächen und Ängsten in den pädagogischen Planungs- und Handlungsprozeß miteinzubringen. Es ist keine leichte Aufgabe für die Erzieherin, denn verlangt sind große Flexibilität, Kompetenz, Weiterbildung. Das kann das berufliche Selbstbewußtsein der Erzieherin stärken und wachsen lassen, aber auch durch Mißerfolge oder neue Anforderungen bedrohen.

Jede Erzieherin übernimmt die Verantwortung für die eigene Gruppe. Sollte längere Zeit Lernunwilligkeit bei den Kindern auftreten, so muß sie sich dies selbst anlasten. Sie hat die Situation erschlossen, die Schuld kann nicht auf die vorgegebenen unreflektierten Planungen geschoben werden. Es muß von neuem beobachtet werden, das pädagogische Handeln hinterfragt werden, die Lebenswirklichkeit von den Kindern besser durchleuchtet und eine Umstrukturierung, ein Fortschreiben des Planes vorgenommen werden.

Praxisbeispiel
Ein Projekt ist geplant, und die Kinder zeigen an den Angeboten überhaupt kein Interesse. Die Raumgestaltung, ein Zelt oder ein entsprechender Bereich werden überhaupt nicht angenommen. Zuerst wird das Problem mit den Kindern besprochen, was man anders machen könnte und warum. Aus dem Gespräch kann man Ideen und Anregungen für eine Umstrukturierung des Bereiches bekommen. Die Erzieherin sollte reflektieren, inwieweit ihre Angebote der Lebenswirklichkeit der Kinder entsprechen.

Die Erzieherin sollte möglichst immer wieder neue Impulse liefern, um das Interesse und die Neugier der Kinder neu zu wecken. Sie muß ein Gespür dafür bekommen, wann und wo sie sich wieder zurückziehen kann – um den Kindern eine gewisse Selbstregulierung und Selbstbestimmung zu ermöglichen. Die intensive Nachbereitung, d.h. *Reflexion,* ist unumgänglich. Es geht hierbei nicht um ein fertiges Lernziel, sondern um das richtige Einschätzen von Lernprozessen. Es ist wichtig zu ergründen, was mit den bisherigen Angeboten erreicht wurde, ob sich neue Inhalte als Bereicherung anbieten. Wichtig sind die Fragen nach den Zielen.

Diese Arbeitsweise stellt hohe fachliche Ansprüche und Anforderungen, wenn wir versuchen, das zu verwirklichen, was H.H. Deißler in seinem Buch „Der neue Kindergarten" (Hyperion-Verlag) darstellt:

„Den Kindern ein gegenwärtiges Glücksgefühl zu ermöglichen und gleichzeitig die Chance, für ihr zukünftiges Glück zu lernen."

Persönliche Erfahrungen:

Die Anfangsphase brachte viele Unsicherheiten und damit ein ungutes Gefühl. Mit Kribbeln und flauem Magen ließen wir uns auf etwas Neues ein, wobei wir nicht wußten, was auf uns zukommen würde. Mit dem langsamen „Sich-öffnen" im Team entwickelte sich eine neue Art, miteinander umzugehen. Die Sichtweise der Erzieherin veränderte sich dahin, daß neue Ziele im Umgang mit den Kindern erarbeitet wurden.

Mit einem wichtigen Ziel, Erlebnisräume für die Kinder zu schaffen, bekamen die Erzieherinnen die gewünschten Freiräume für ihre Beobachtungen. Die Erzieherinnen konnten eine Situation genau verfolgen, d.h. sie erlebten täglich neue Situationen und wollten es weiter erzählen. Daraus wuchs das Bedürfnis des Austauschens von Erfahrungen.

Weiterhin entwickelte sich mit den Erlebnisräumen das nächste Problem für das Team, nämlich das Loslassen der Kinder. Mit dem Prozeß des Loslassens wurde ein Vertrauen aufgebaut, welches die Basis für einen partnerschaftlichen Erziehungsstil darstellt.

Das Hauptproblem für uns Erzieherinnen war anfangs die Frage während der täglichen Reflexion: „Was habe ich heute gemacht?" Die Erwartungen der Eltern und unsere Unzufriedenheit konnten erst abgebaut werden, als wir intensiv beobachteten. Da erfuhren wir viel, wir konnten über Spielsituationen berichten und hatten für einzelne Kinder Zeit, wenn sie das wollten. Es fiel uns nicht leicht, uns bei Konflikten zurückzunehmen, um den Kindern die Möglichkeit zu geben, Konflikte, Lernsituationen selbstzubestimmen und sie auch zu regulieren. So saß man sehr oft verunsichert, sozusagen „auf dem Sprung" da, um einzugreifen, und kämpfte mit sich selbst, auch wegen der Aufsichtspflicht (siehe Kap. 9.6). Die Sicherheit, über den Kinderalltag Bescheid zu wissen, daß die Kinder an den Angeboten aktiv teilnahmen und Freude daran hatten, gab uns den Rückhalt, unsere Arbeit den Eltern gegenüber zu verteidigen.

Viele Fotos und Berichte über Spielsituationen, Spaziergänge, Feiern wurden für die Eltern erstellt, und das unterstützte uns, an unserer offenen Planung schrittweise weiterzumachen. Anhand von Rückplanen, einer Art Rückschau berichteten wir den Eltern über die Erlebnisse der Kinder in einem Projekt oder mit einem Angebot.

In diese neue Rolle muß man sich hineinentwickeln und in kleinen Schritten seine Sicherheit, die die Freude am Beruf stets begleitet, erarbeiten. Die Frage: „Was ist heute gelaufen?" läßt uns sehr zufriedene Antworten geben.

9.6 Wie sieht es mit der Aufsichtspflicht aus?

Anfangs gab es harte Debatten um diesen Punkt. Aber je mehr uns klar wurde, wie wichtig der Aufbau des Selbstwertgefühls, der Selbständigkeit und der Eigenverantwortung für das Kind ist, desto schneller konnten wir unsere Kinder Schritt für Schritt „loslassen“. Auf Grenzen werden wir immer stoßen. Jede von uns weiß, „Kinder sind eben Kinder“, unerfahren, unselbständig, sie können anderen Schaden antun. Aber wir erfahren täglich, daß man sie in dem Maße nicht beaufsichtigen kann, daß absolut nichts passieren kann.

Unser Hauptziel, die Kinder fürs Leben vorzubereiten, bedeutet in der Praxis: Sie müssen ihre eigenen Erfahrungen machen. Sie sollen selbständig Aufgaben übernehmen und verrichten. Und das kann ich nicht mit Verboten und Belehrungen erreichen, nur indem ich Freiräume gewähre. Wir können unsere Kinder nicht länger in einem Schonraum einengen, während die Gefahren im Alltag täglich zunehmen. Wir sind sozusagen verpflichtet, diese Freiräume zu schaffen und zu gewähren, denn anders sehen wir keine Möglichkeit, Kinder für das zukünftige Leben vorzubereiten. Nach sehr langer und heftiger Auseinandersetzung im Team und mit den Eltern kamen wir zu folgender Schlußfolgerung:

„Wenn ich mein pädagogisches Handeln begründen kann, d.h. warum ich dies oder jenes so mache, tue ich meiner Aufsichtspflicht genüge!“

Lebt man permanent mit der Angst (Eine Erzieherin ist immer mit einem Bein im Gefängnis), dann kommt nichts ins Rollen, und das finde ich das Allerschlimmste. Die Kinder müssen mit ihrer Freiheit umgehen lernen, was ein Lernprozeß ist. Und wir müssen lernen, uns „rauszuhalten“ und oft auszuhalten, daß Kinder Konfliktsituationen alleine meistern; Hilfestellungen dürfen nicht zu schnell angeboten werden, und nur so entsteht das „spontane Spiel“ – das Freispiel.

Probleme mit den Eltern bleiben da nicht aus. Nach vielen Gesprächen, nach fachkompetentem Begründen unserer Handlung und vielen Informationen für die Eltern konnten sie nachvollziehen, warum es für die Entwicklung der Kinder „lebensnotwendig“ ist, unbeaufsichtigt Erfahrungen zu machen.

Wichtig sind die Informationen an die Eltern, die nicht nur Tatsachen und Fakten beinhalten sollten, sondern fachlich begründen, warum, weshalb und wieso wir es so machen wollen. Sehr schnell werden die Eltern merken, daß wir uns sehr viele Gedanken über unser Handeln und Tun machen. Man sollte sie auch wissen lassen, daß es für uns ein neuer Lernprozeß ist und wir es auf uns nehmen, um den Kindern lebensnahere Erfahrungen zu ermöglichen.

10 Raumgestaltung

10.1 Raumgestaltung in der Zeit der Veränderung

Unser Ganztagskindergarten ist für 125 Kinder bemessen. Das Alter der Kinder, die die Einrichtung besuchen, reicht von drei bis zu sechs Jahren. Ein großer Vorteil der Einrichtung ist der große Garten mit vielen Möglichkeiten zum Spielen und Toben, der fast ohne die typischen Spielgeräte auskommt.

Die Gruppenräume haben Tiernamen und besitzen auch alle einen eigenen Nebenraum. In einigen Gruppen sind Spielgalerien eingebaut, die die Möglichkeit geben, den Raum individuell zu verändern.

In jeder Gruppe ist ein Erzieherinnenteam: eine Erzieherin und eine Kinderpflegerin.

Die Eltern haben die Möglichkeit, zwischen zwei Öffnungszeiten zu wählen:

A Verlängerter Vormittag von 7 Uhr 30 bis 14 Uhr

B Vormittags-, Nachmittagsgruppe von 8 bis 12 bzw. von 13 Uhr 30 bis 16 Uhr

10.2 Gedanken zur räumlichen Veränderung

Fünf Sinne
hat der Mensch:
sehen, tasten, riechen,
schmecken, hören.
Mit dem sechsten Sinn müssen
wir sie wieder entdecken.

Räume erproben heißt,
Gewohnheiten ändern

Ein sechster Sinn für
die Sinne: Spiel- und
Erlebnisräume für
Kinder

Haben die Kinder
im Laufe des Tages Platz
und Zeit zum Nachdenken?

Kann eine gute
Raumgestaltung eine
Erzieherin ersetzen?

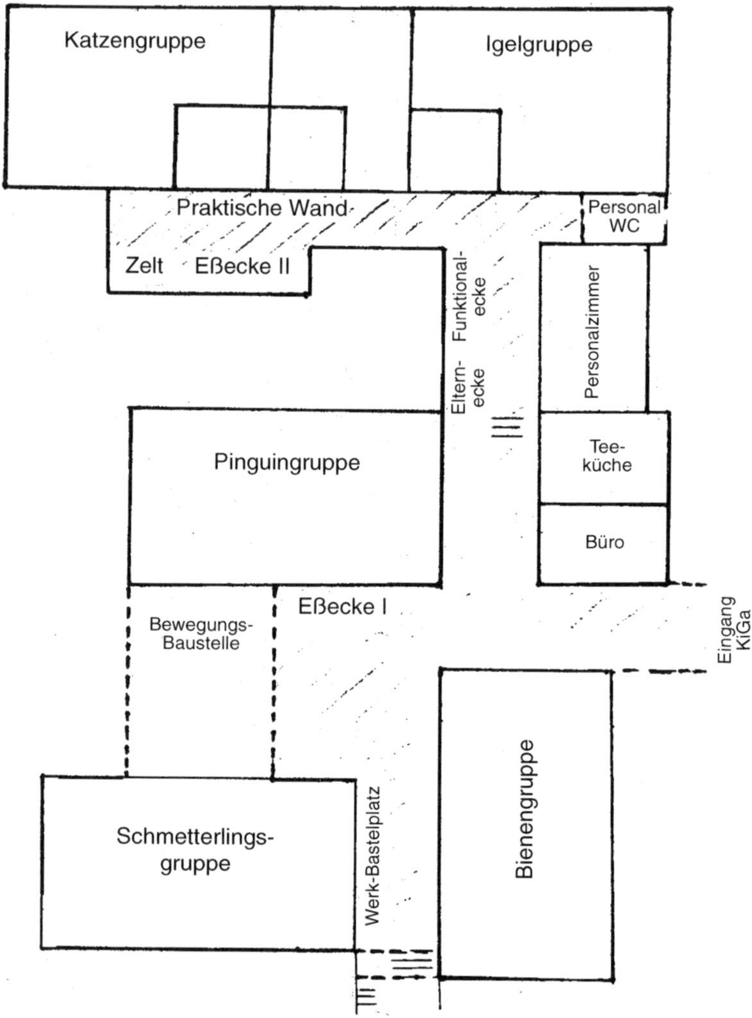
Katzengruppe
Igelgruppe
Praktische Wand
Personal WC
Zelt
Eßecke II
Funktional-ecke
Eltern-ecke
Personalzimmer
Tee-küche
Büro
Pinguingruppe
Bewegungs-Baustelle
Eßecke I
Eingang KiGa
Bienengruppe
Schmetterlings-gruppe
Werk-Bastelplatz

10.3 Kindergarten als Lebensraum für Kinder

Als neue, wichtige Aufgabe hat sich für uns die Raumgestaltung herausgestellt, die entscheidend auf die Experimentierfreude und das Neugierverhalten des einzelnen Kindes wirkt. Kleine, abgrenzbare und überschaubare Räume ermöglichen den Kindern ein intensives Spiel. Mit der Entwicklung von neuen Zielvorstellungen ergab sich für uns auch eine veränderte Raumgestaltung, d.h. der Kindergarten von der Stange, der heutzutage in den meisten Einrichtungen vorzufinden ist, mußte langsam und schrittweise mit den Kindern verändert werden. Sehr schnell konnten wir die Aussage des italienischen Pädagogen Malaguzzi: „Die räumliche Umwelt ist ein weiterer Erzieher" akzeptieren und bejahen.

Nach unseren Zielvorstellungen sollten die Kinder die Möglichkeit haben, die Raumveränderungen mitzubestimmen und zu gestalten. Ihre Ideen, Vorschläge vorzubringen, sie zu verbalisieren und auszudrücken, war für sie ein langer Lernprozeß. Die Erfahrung, daß ihre Vorschläge „ernst" genommen wurden, beschleunigte diesen Prozeß.

10.4 Konkrete Veränderungen während eines Jahres

A Die Kinder wurden zu einer Gesprächsrunde aufgefordert und nach einem bewußten Anschauen des Raumes, z.B. durch aufzählen, was sie im Raum sehen, gefragt, ob sie etwas verändern möchten. Wie das „siebte Weltwunder" schauten sie, und aus den entsetzten, fragenden Gesichtern konnte man deutlich entnehmen: „Was will die von uns?" Ich erzählte weiter, zeigte Möglichkeiten auf, wie und was anders sein könnte, was man umstellen kann. Wir schlossen die Gesprächsrunde und verblieben: „Jeder überlegt, ob wir etwas verändern wollen, und wie wir das anfangen." Die Erzieherin brachte Ideen, die besprochen wurden, und nach sieben bis acht Gesprächsrunden waren wir uns einig, man könnte einiges verändern, wir wollen umstellen. Nun wurde die Frage gestellt, wer für und wer gegen Veränderungen war. Es war ein längerer und intensiver Lernprozeß in kleinen Schritten, bis die Kinder das Abstimmen erfaßt hatten. Nur durch bewußtes Erfahren, warum stimme ich mit ja oder nein, konnten die Kinder das Abstimmen nachvollziehen. So entwickelte sich die Gesprächsrunde zu einer Kinderkonferenz (bekannt aus „Kreativität im Kindergarten" von Ingeborg Becker-Textor). Diese Kinderkonferenz hatte einen Konferenzleiter, der jedesmal neu aus den Reihen der Kinder gewählt wurde. Die Gesprächsführung wurde größtenteils von den Erzieherinnen übernommen. In dieser Runde wurden Regeln festgelegt oder ins Bewußtsein gerufen, Veränderungen im Raum besprochen, die sie für wichtig hielten.

Nach mehreren Gesprächsanläufen waren wir uns einig, daß wir Mütter einladen würden, uns Raumteiler und Abgrenzungen aus Stoff zu nähen. Es meldeten sich sofort sechs Mütter mit Nähmaschinen, die in die Gruppe kamen und mit ihren Kindern eine Kuschelecke einrichteten. Matratzen wurden überzogen, mit Stofftieren belebt, und aus Dekostoff wurde eine Abtrennung mit Tür und Fenster genäht.

Kinder schneiden aus Stoff Motive aus und nähen sie auf überzogene Matratzen. Wochenlang wird die Kuschelecke verändert, und neue Kissen, Decken kommen hinzu.

Eltern und Kinder sind angerückt mit Nähmaschinen und Stoff und nähen Abtrennungen.

Die Türen werden verkleinert durch „Stoffdrapierungen“, ohne viel zu nähen. Dadurch rasen die Kinder nicht durch die Türen, die gewaltige Dimensionen für sie hatten.

B Die Beobachtungen zeigten, daß die vielen Tische im Raum die Kinder im freien Spielen sehr einschränkten. Eine Frühstücksecke wurde in den Eingangsbereich ausgelagert. Nachdem sie von den Kindern gut angenommen wurde, überlegten wir, sie sichtlich abzugrenzen. Es wurden Möbel bestellt und eine „Eßdiele" eingegrenzt. Weiter wurden Knettische ausgelagert, teils die Garderobe oder der Waschraum miteinbezogen. Die Situation, daß viele Kinder mit dem vorhandenen Spielmaterial an den Tischen spielten, ließ noch Konflikte wegen Überschneidungen der Interessen der Kinder und der Raumkollision aufkommen. An einem Tisch spielten oft vier Kinder und eine Materialkiste hatte auch ihren Platz, so daß dieser Platzmangel den Konflikt vorprogrammierte. Die Gesamtsituation hatte sich schon sehr beruhigt durch die Rückzugsmöglichkeiten. Somit waren die Kinder länger und konzentrierter in ihre Spiele vertieft.

C Zur Kinderkonferenz versammelten wir uns von neuem und überlegten weitere Schritte in unserer Umgestaltung des Raumes. Die Kinder äußerten, warum es ihnen jetzt besser gefiel. „Jetzt ist es gemütlich bei uns", „da kann man endlich richtig Höhlen bauen", „kuschelig ist es mit den Tieren und der Matratze". Das Gruppenteam merkte, daß man auch hier Ziele setzen sollte und nicht einfach alles umräumen kann, ohne es zu begründen.

Unsere neue Zielsetzung sah so aus:

- Wir wollten die Wünsche und Bedürfnisse besser kennenlernen.
- Die Kinder sollten erfahren, wie man etwas plant und auch umsetzen kann (sie wurden ernstgenommen).
- Sie sollten sich mit ihrem Gruppenraum identifizieren (das ist mein Gruppenraum, da kann ich mitgestalten, spielen).
- Wir wollten mit unserer neuen Raumgestaltung Frei- und Lebensräume schaffen, die die Kinder zum selbstbestimmten Tätigwerden herausfordern sollten.

Das Planen machte uns allen viel Spaß. Es wurden neue Sachen aufgegriffen, und die Vorschläge der Kinder wurden, wenn möglich, mit ihnen auch verwirklicht. Es wurden Nischen, Ecken mit Raumteilern, Sofas und Gardinen abgeteilt. Das Spiel in der Gruppe bekam einen anderen Stellenwert, es entstanden mehr spontane Spiele, die die Kinder ausbauten und auslebten. Es wurde viel ruhiger, das Schreien durch den Raum war nicht mehr nötig, da ein intensiveres Spiel sich entwickelte, da die Spielgruppen abgegrenzt waren, und zu Konflikten kam es seltener, da dieses Problem mit mehr Platz vermindert wurde.

Diese gemeinsamen Aktionen ließen intensivere Kontakte zu den Eltern wachsen. Sie wurden von den Kindern zum Umräumen mitgeschleppt, stöberten gemeinsam im Speicher und brachten alte Gardinen, Stoffe und Decken mit. So wußten die Eltern genau Bescheid, warum wir dieses oder jenes jetzt umgestalteten.

D Gruppenräume sollen zu Wohnräumen umgestaltet werden. Das Hauptziel unserer Arbeit, mit den Kindern bewußt zu leben, erforderte dringend einen weiteren Schritt. Wir wünschten uns, daß der institutionelle Charakter des Hauses wegfallen sollte, unser Haus sollte freundlicher, gemütlicher und heimisch werden. Wir wollten uns „wie zu Hause“ fühlen und alles bewohnbar machen.

Es wurde uns klar, daß die Bewegungsfreiheit sehr wichtig ist und daß es vielfältige Möglichkeiten geben sollte, die den Kindern eigene Neugierde in Aktivitäten umzusetzen.

- Rückzugsmöglichkeiten sind notwendig (Zelte einbauen, Dächer, Abgrenzungen schaffen). Ein Sofa muß her; Sessel und Liegen sollen eine gemütliche „Wohnzimmeratmosphäre“ schaffen. Stehlampen und einige alte Möbel bekamen wir von den Eltern, und sofort wirkte dieser sterile Raum nicht mehr so „einheitlich“.
- Bauecken und Konstruktionsplätze wurden ausgelagert, auf einem großen Platz eingerichtet; in die Mitte des Raumes ein großer Teppich gelegt. Die Kinder suchen sich ihre Spielplätze am liebsten selbst aus.
- Das Mal- und Bastelangebot, wertloses Material, Naturmaterial wird frei angeboten, alles steht offen zur Verfügung.

Wichtig schien es uns, daß alle Bereiche deutlich voneinander getrennt und eingegrenzt werden. Wir haben die Möglichkeit, die einzelnen Kinder viel besser zu beobachten, in sie hineinzuhorchen und so in der Kleingruppe ihren Wissensstand zu ermitteln. Die Erzieherin hat dadurch endlich die Möglichkeit, auf Einzelfragen und Bedürfnisse einzugehen, und kann zusammen mit dem Kind seine Interessen, Fragen und Neugierde beantworten. Denn in einer Gruppe von 25 Kindern, alle verteilt in einem Raum, war und ist es unmöglich, intensiv auf ein Kind oder auf eine kleine Gruppe von Kindern einzugehen.

Die Erzieherin steht nicht mehr im Mittelpunkt der Gruppe! Das heißt, zur Konfliktlösung wird die Erzieherin bei dieser neuen Raumgestaltung selten hinzugezogen, da es Regeln gibt, die für alle Kinder gelten. Die Kinder fragen nicht laufend: „Darf ich dahin gehen oder dorthin?“ Sie melden sich nicht immer an oder ab. Das gesamte Klima, die Atmosphäre wurde viel ausgeglichener und harmonischer. Alltagsstreß und Hektik reduzierten sich, und unsere Kinder bekamen das Gefühl: „Die sind für mich da!“

E Räume verändern sich mit dem Thema

Unsere Räume verändern sich mit dem jeweiligen Thema oder den Spiel- und Handlungsbedürfnissen der Kinder. Die Veränderungen werden mit den Kindern besprochen und durchgeführt. Jeder Gruppenraum unserer Einrichtung ist anders gestaltet und eine große Bereicherung unseres pädagogischen Konzeptes. Auch die Spielstraße, unsere wagemutigste Einrichtung, wird nach unseren Beobachtungen den Spiel- und Handlungsbedürfnissen der Kinder angepaßt und verändert.

Unser Team ist fest überzeugt von dem Grundsatz nach Malaguzzi:

EINE GUTE RAUMGESTALTUNG ERSETZT EINE ERZIEHERIN

10.5 Räume verändern sich mit den jeweiligen Themen oder der entsprechenden Situation

Sobald das Interesse an einem Projekt abklingt, sollte man durch eine bestimmte Veränderung im Raum neue Impulse geben. Es wird in der Regel versucht, im Sinnzusammenhang einen Übergang zum nächsten Thema zu schaffen. Das heißt aber nicht, daß die Kinder es annehmen, wie wir es uns ausdenken. Wichtig ist es, schrittweise mit den Kindern so eine Veränderung sich entwickeln zu lassen. Unsere Aufgabe ist es nicht, die Funktionsecken perfekt einzurichten, alles bereit zu stellen. Wichtig ist es, die Anfragen nach Material und Utensilien von den Kindern zu bekommen und danach langsam das Material richtig einzuführen.

Praxisbeispiel:

Unser Thema im Projekt „Fünf Sinne hat der Mensch" lief mit dem Riechen seinem Höhepunkt als „Riechfest" entgegen. Drei bis vier Kinder standen am Fenster, beklebten es mit bunter Klebefolie und riefen freudestrahlend: „Du, ich sehe alles blau, ich sehe alles rot!" Dies wurde beobachtet, das Gruppenteam besprach es mit den Kindern und baute in einer Ecke vor dem Fenster ein „Schau-genau-Zelt" auf. Die Kinder wünschten sich ein Zelt, das man auch verdunkeln könne. So wurden Bettlaken zusammengenäht und an der Decke festgemacht. Es war gedacht, daß das Fenster mit einbezogen werden könnte. Das Erzieherinnenteam, begeistert von dem schönen Zelt, bestückte es mit Prismengläsern, Kaladeiskopen, einem Fernglas, Lupen, Brillen, bastelte drei Guckkästen und gestaltete das Fenster mit Gucklöchern.

Erwartungsvoll erwartete das Team, wie es von den Kindern angenommen werden würde. Das Material wurde eingeführt und knappe drei Tage waren die Kinder damit beschäftigt, dann war es interessanter, die Suchkästen auseinanderzunehmen, das Papier vom Fenster abzunehmen und selbst zu gestalten. Das Zelt benutzten sie als Dunkelzelt. Somit wurde es nicht in der gewünschten Funktion angenommen, von Neuem mit den Kindern besprochen und die Utensilien an einem anderen Platz untergebracht.

In einer anderen Gruppe wurden die Utensilien mit den Kindern hergestellt, und da war diese Funktionsecke ein großer Erfolg.

Weiterhin ist eine Veränderung im Raum vorzunehmen, wenn wir beobachten, daß z.B. die Puppenecke oder die Bauecke nicht schön bespielt wird. Die Beobachtungen werden vorgetragen, vorgelesen, und dann wird miteinander eine Lösung gesucht. Die Kinder fühlen sich dadurch ernst genommen und akzeptieren das Aufschreiben. So kann es passieren, daß eine Gruppe das ganze Jahr keine Puppenecke oder keinen Bauteppich hat. Es werden Materialien zum

Höhlen bauen zusammengesucht. Dabei brauchen wir viele Gardinen, Decken, Bauböcke, Matratzen und Wäscheklammern. Bitte nicht alles auf einmal bereit stellen! Die Kinder müssen lernen, ihre Wünsche zu artikulieren und zu begründen. Wichtig ist es, wenn mit den Kindern ausgeräumt wird, daß der leere Platz ein paar Tage zur freien Verfügung steht, um zu schauen, was die Kinder daraus machen.

Praxisbeispiele

oben: Thema: Angst-haben vor der Dunkelheit
Das Thema wird neu erlebt in einem Zelt, welches man verdunkeln und dann mit Taschenlampen ausleuchten kann. Mit Wäscheklammern werden die Decken an die Seite geklemmt, und schon fällt Licht ein.

rechts oben: Thema: Fernsehen
Schlümpfe sind angesagt, und es entstehen Schlümpfhäuser, die die Kinder selber machen und danach bewohnen.

links unten: Thema: Höhle
Der Gruppenraum wird bis zur Hälfte ausgeräumt, bewegliche Schränke werden bereitgestellt, und viele Decken und Matratzen sind zum Spielen da.

Regenbogenfest: Die Dekoration ist in Regenbogenfarben angelegt, jedes Kind hat einen Umhang, der ganz individuell gestaltet ist. Kopfschmuck und das Essen sind auch darauf abgestimmt.

10.6 Material- und Ideensammlung zur Raumveränderung

A Ausstattung der Räume mit verschiedenen Materialien

- Decken, Bettlaken, Stoffe, Tücher, Seile, Wäscheleine und viele Wäscheklammern
- Kissen, Matten, Felle, Knautschsack, Vorhänge, Rollo, Bierkästen, große Körbe, große Kartons, Pappröhren
- Autoreifen, Reifenschläuche, Drainagerohre, Schlauchboot, Kriechtunnel aus Stoff
- Polsterelemente, Sitzkörbe, Sofas
- Planen, Tennisnetze, Korkenvorhang, Baldachin, Pergola, Schutzdach, Stoffhimmel, Fallschirm, Sonnenschirm, Moskitonetz
- Bierkartenwand, Industriepalettenwand, Apfelkistenwand, Schattenspielwand

B Neue Räume finden

- Waschräume nutzen, umgestalten. Es werden Wasserfarben, Wasserspiele, Wasserfärben im Waschraum gemacht.

- Turnraum in unbelegten Zeiten nutzen, zwei bis drei Stunden für Bauen, Bewegen
- Eingangsbereiche miteinbeziehen und bewohnen
- Garderoben, Gänge, Kellerräume offen lassen für die Bewegungsbedürfnisse der Kinder
- Intensivräume nicht für Kleingruppenarbeiten freihalten, sondern verschiedene Möglichkeiten anbieten, z.B. mit vielen Matratzen bestücken, als Werkstatt einrichten, als Baulandschaft mit Podesten aus Industriepaletten auslegen, Material zum Höhlen- und Zeltebauen bereitlegen.
- Werkraum mit Werkbank aus alten Schulbänken und Werkzeug
- Matschtische für Ton und Wasserspiele im Waschraum oder Ecke im Gruppenraum (aus einem alten Küchentisch mit abgeschnittenen Beinen, aus der Platte eine Öffnung mit den Maßen einer Bauwanne aussägen und die Wanne reinhängen).
- Personalzimmer, Leiterinzimmer für Kleingruppenarbeiten, als Meditationsraum, mit Musikinstrumenten einrichten
- Experimentierecken mit alten Küchenmaschinen, Radios, Video (von einem Fachmann geprüft), die die Eltern abgeben und die Kinder mit Schraubenschlüssel, Zange und Hammer auseinanderbauen.
- Funktionsecken mit wertlosem Material, beispielsweise wird ein Spielbereich mit Kisten eingerichtet, in welchem die Kinder bauen können. Die Bauecke wird ersetzt mit vielen Kartons verschiedener Größen oder mit Styropor als Baumaterial.

C Zeltkonstruktionen

- Sonnenschirme bzw. Fallschirme aufstellen und mit Wäscheklammern ringsherum Decken anbringen.
- Leiter als Ausgangspunkt hinstellen und Decken und Gardinen anbringen.
- Bohnenstangen oder Dachlatten zusammenbinden, als Überwurf dienen Decken und Laken.
- Vier bis fünf Meter Stoff einfach drapieren, abbinden und als Zelt anbringen (Knopfzelt, Experimentierecke).
- Einen Reifen als Ausgangspunkt nehmen und das ent-

sprechende Volumen an Stoff anbringen (Zirkuszelt), in verschiedenen Höhen aufhängen.

Das Material sammeln, besorgen, die Räume erschließen sollte nicht ohne die Kinder gemacht werden.

10.7 Ein Kind erlebt einen Tag im Kindergarten

Früh um halb acht bringt mich mein Papa in den Kindergarten. Heute bin ich die erste. Da freue ich mich, ziehe mich schnell aus, renne ans Fenster und winke meinem Papa. Danach gucke ich, wo die Erzieherinnen sind. Haben sie Besprechung, da sage ich ihnen „Guten Morgen" und gehe in die Pinguingruppe. Da versammeln sich alle Kinder, die früh da sind (bis 8 Uhr). Ist keine Besprechung, unterhalte ich mich mit den Erzieherinnen, helfe ihnen, alles herzurichten, Tee zu kochen und Wäsche aufhängen. Wenn ich alles angeschaut habe, beginne ich gleich zu malen oder zu basteln. Ich lege die Maldecke auf, suche mir Material zusammen, ziehe meinen Malkittel an und überlege, was man alles machen kann.

Nach und nach füllt sich der Kindergarten mit Kindern, wir begrüßen uns untereinander, und die Erzieherinnen erzählen uns einiges, und wenn ich keine Lust zum Basteln habe, schaue ich mich um, wo die anderen alle spielen. Einige sitzen in den einzelnen Spielecken oder auf dem Teppich. Ich spiele sehr gerne in der Ecke, in welcher wir mit Decken, Gardinen und Kartons Höhlen bauen dürfen. Frau Fück und Frau Dusel, das sind die Frauen, die alles schön sauber machen, lassen unser Gebautes immer stehen. Das ist schön, denn da kann ich oft gleich weiterspielen und muß nicht wieder alles aufbauen. Oft gehe ich aber auch in die anderen Gruppen und schaue, was dort so gespielt wird, und wenn mir was gefällt, bleibe ich in einer anderen Gruppe. Im Moment ist ein Krankenhaus in der Pinguingruppe eingerichtet, und da bin ich fast täglich zum Spielen.

So gegen 8 wird die Spielstraße geöffnet und damit sind alle Gruppenraumtüren geöffnet, und die Kinder gehen ihren Beschäftigungen nach. Will ich in die Bewegungsbaustelle muß ich zuerst zählen. „Eins – zwei Kinder aus meiner Gruppe – Pech gehabt!" Nun muß ich weiter gucken und lande im Zelt mit der Baulandschaft. Ich schaue mich um, ob ich Freunde entdecke. Zähle die Kinder: eins, zwei, drei, bis zu acht Kinder dürfen dort spielen, und ich frage, ob ich mitmachen kann. Sie nicken, ich setze mich dazu und baue eifrig mit. Geht einer meiner Freunde Frühstück machen, bin ich gleich dabei. Habe mein Schildchen, Tasche, Tasse und Teller und setze mich zum Essen. Besonders schön finde ich es, wenn von den Erzieherinnen jemand dabei sitzt und mit uns frühstückt.

Nach dem Frühstück gehe ich zurück auf den Teppich, auf die Baulandschaft, da ich nicht laufend wechseln darf, denn die Erzieherin, die Hallendienst macht, merkt es recht schnell.

Wichtig ist, daß alle Kinder bis 9 Uhr im Kindergarten sind, denn dann wird die Haustür abgesperrt, und wer später kommt, muß läuten. Um diese Zeit melden Erzieherinnen ihre Projektarbeit für die Gruppe oder für einzelne Kinder an. Sie spazieren durch die Gruppen und die Spielstraße und fordern die Kinder auf, sich fertigzumachen.

Ab und zu machen wir einen Morgenkreis. Ein Kind holt alle Kinder herbei, viele sind in den anderen Gruppe, und wir versammeln uns im Morgenkreis. Wir schauen, wer da ist und welche Kinder fehlen. Einige wissen, warum Gulio heute nicht da ist und informieren die Gruppe darüber. Oft beten wir gemeinsam, singen ein Lied und hören, was die Kinder gerne machen würden. Die Erzieherinnen stellen ihre Angebote vor, was sie heute machen möchten, und wir müssen sagen, wo wir mitmachen würden. Wir dürfen wählen, und es wird aufgeschrieben, daß alle Kinder auch dort mitmachen, wofür sie sich entschieden haben. Die Kinder, die sich nicht beteiligen, werden gefragt, was sie machen wollen, und dürfen das auch machen.

Oh, prima, das ist immer spannend, es ist nämlich sehr oft ein Erkundungsspaziergang, um etwas Neues zu entdecken. Manchmal kommen auch andere Leute, erzählen uns über Dinge, die uns interessieren. Oder wir gehen in die Uhrenfabrik, in das Fernsehstudio, besuchen Bienenstöcke. Es kann aber auch sein, daß wir basteln, Geschichten hören oder spielen, Lieder lernen oder Turnen. Dann bleibt aber nur die Gruppe bei der Erzieherin, die mitmacht. Die anderen dürfen uns nicht stören. Jetzt hat die Erzieherin viel Zeit für uns!

An einem Tag in der Woche wird mittags gekocht. Wir Kinder sagen, was wir gerne essen und kochen möchten. Die Zutaten werden von zu Hause mitgebracht oder von einigen Kindern gekauft.

Zum Kochen dürfen 8 bis 10 Kinder in die Küche mitgehen. Zuerst schauen wir die Zutaten an, probieren sie, erzählen, was wir über die Sachen wissen, und die Erzieherin erzählt, was wir noch gar nicht wissen. Danach dürfen wir alles machen: Eier aufschlagen, Teig kneten, Zwiebeln kleinschneiden, alles, was uns die Mama daheim nicht machen läßt. An diesem Tag wird mittags um halb eins der Tisch schön gedeckt mit Platzdecken, Servietten und wir spielen Restaurant. Das ist toll! Andere Kinder können Aufgaben mit der jeweiligen Erzieherin übernehmen, wie Post erledigen, Rechnungen zur Abrechnungsstelle bringen, in der Apotheke einkaufen, den Bürgermeister besuchen und vieles mehr.

Wir freuen uns jede Woche auf den Wandertag. Im Frühjahr und Sommer gehen wir um 9 Uhr aus dem Haus und kommen gegen ein

Uhr zurück. Da machen wir Picknick und erleben sehr viel. Am schönsten finde ich, daß wir auf die Bäume klettern dürfen, unter Brücken kriechen können und im Straßengraben auf dem Weinberg laufen dürfen. Im Herbst und Winter, bei schlechtem Wetter wird kein Picknick draußen gemacht, sondern es wird im Gruppenraum gegessen.

Im Sommer sind wir den ganzen Tag im Garten. Die Erzieherin hat für uns Zeit, baut Häuschen mit uns, schaut mit uns Würmer und Schnecken an, matscht mit uns und macht einfach alles mit. Es stehen Mal-Werk-Basteltische im Freien, Eßtische mit Tee stehen in der Laube. Die Kinder aus den zwei Gruppen, die mittags heimgehen, sind manchmal ganz traurig. Die haben es auch gut, denn nachmittags von zwei bis vier Uhr haben die anderen den Garten allein.

Die Zeit, bis der Kindergarten aus ist, scheint mir oft so kurz und sehr oft heule ich, wenn ich nach Hause gehen muß. Kommt Mama mich um 1 Uhr abholen, so muß sie oft nochmals nach Hause fahren und mich später abholen.

Ich freue mich schon aufs nächste Jahr, dann bin ich „ganz groß“ und bekomme meine eigene Schatzmappe. Ich weiß nicht genau, was die dort machen, nur wenn es heißt: „Kleingruppenarbeit für die Großen“, rennen die sofort zur Erzieherin, lassen alles liegen und stehen. Die bauen oft Schiffe aus Karton, die sind viel unterwegs, schauen alles Mögliche an, malen etwas, nähen Kissen und Schürzen. Schön ist es auch, wenn wir uns aus allen Gruppen zur Kindergartenkonferenz treffen oder zum Singen von Liedern (Gottesdienst, Advent, Spiellieder). Da dürfen wir mit Instrumenten spielen, vorsingen und neue Spiele lernen.

Oft dürfen unsere Eltern mit uns im Kindergarten basteln z.B. Laternen, Osterbasteleien, Masken aus Gipsbinden, Seidenmalerei. Während der Kindergartenzeit kommen sie und in einem großen Bastelzimmer können wir es ausführen.

Ich gehe gerne in den Kindergarten und verstehe überhaupt nicht, warum die „blöden Wochenenden“ sein müssen, da ist mir manchmal ganz schön langweilig.

10.8 Regeln in unserer Einrichtung

Das Erzieherinnenteam ist bestrebt, den Kindern große Frei- und Erlebnisräume zu schaffen, welches aber auch Regeln und Absprachen erfordert, an die sich alle Kinder und Erzieherinnen verbindlich halten müssen (siehe Kap.8.4). Unsere Arbeit mit gruppenoffenen Räumen, Bewegungsmöglichkeiten auf der Spielstraße und Bewegungsbaustelle bringt automatisch die Situation mit sich, daß wir Absprachen treffen, die wir nicht immer kontrollieren können. Solche Situationen legen Grundlagen zu einer gesunden Vertrauensbasis. Nur durch die Erfahrung, daß wir die Kinder und ihre Interessen ernst nehmen und ihnen nachgehen, können solche Vereinbarungen auf Vertrauen wachsen.

Für ein verbindliche Einhaltung der Vereinbarungen und der Regeln sind wichtige Grundsätze von großer Bedeutung:

- Gegenseitige Achtung (Ein Kind lernt andere Menschen respektieren, wenn ich es selbst respektiere.)
- Gleichberechtigung der Bedürfnisse (Jedes Kind hat das Recht auf gleiche und individuelle Behandlung.)
- Alle Regeln gelten für alle Kinder.
- Respektieren der Grenzen des Anderen bzw. des Einzelnen (Kein Kind wird aufgefordert, sozial zu sein. Es muß selbst die Regeln des Miteinander lernen und so selbst die Grenzen erfahren.)

Aufräumen ist auch bei uns mit Regeln verbunden. Zehn Minuten vor dem Aufräumen wird es angekündigt, und die Kinder werden gebeten, die Spielbereiche, in denen sie spielen, zu kontrollieren, inwieweit noch nicht aufgeräumt ist. Ist der eigene Spielbereich aufgeräumt, so helfen alle zusammen, Groß und Klein, ob man damit gespielt hat oder nicht, bis alles in Ordnung ist.

Es muß genügend Zeit eingeplant werden, dann kann das Aufräumen eine Tätigkeit mit eigenem Wert sein und nicht immer als eine lästige Sache angesehen werden. Dies ist auch ein Lernprozeß, der von der Erzieherin viel Geduld erfordert, klärende Gespräche können vermeiden, vorschnelle Verantwortung für das Kind zu übernehmen.

Ob ich gespielt habe oder nicht, wir räumen alles miteinander zum Schluß auf: „Nächstes Mal helfen mir die anderen ja auch!" Auch die Kinder aus den anderen Gruppen helfen mit, wenn es „Aufräumen" heißt.

Es dürfen soviele Kinder mitspielen, wie die Gruppe es zuläßt. Sie müssen lernen, selbst zu merken, wann es zuviel wird.

11 Vom Sitzkindergarten zum Bewegungs-Kindergarten

11.1 Situationsanalyse: Bewegungsmöglichkeiten

In vielen Kindergärten können wir beobachten, daß Kinder normale Bewegungen in alltäglichen Situationen nicht mehr bewältigen können. Im Klartext sind es Treppen steigen, klettern, kriechen, Bewegungen, die eine gewisse Körperkoordination, Geschicklichkeit und Gleichgewicht voraussetzen.

Die natürliche Entwicklung der körperlichen Tätigkeiten wird durch Bewegung, freie Bewegung, gefördert. Leider fehlen unseren Kindern die nötigen Möglichkeiten. Dadurch entstehen eine Reihe motorischer Defizite. Welches sind die Gründe für die fehlende Bewegung in unserem Umfeld?

Kinder haben nicht mehr so viel Spiel- und Entfaltungsraum wie früher. Der starke Straßenverkehr verhindert, daß die Kinder gefahrlos Spielräume erreichen. Die vorhandenen Spielplätze sind sehr klein, auch im Kindergarten bieten viele der vorgegebenen Geräte wenig Anlaß zur freien Bewegung, denn fast alle Bewegungsabläufe werden durch die feststehenden Geräte festgelegt. Die öden Anlagen bieten keine Rückzugsmöglichkeiten, die Kinder können kaum ihr Spiel selbst planen, Bewegungsabläufe bestimmen. Das vorhandene Material ist statisch. Es fehlt an beweglichem Material, damit die Kinder etwas erproben können, kreativ handeln können.

Fragen, die Bewegungsräume erschließen:

- Wieviel Bewegung haben die Kinder bei uns im Ort? Wie sieht es in unserem Kindergarten aus?
- Welche Bedingungen für Bewegungsaktivitäten finden sie vor?
- Welche Gelegenheiten nutzen sie?
- Wo bremsen wir ihren Bewegungsdrang?

- Wie unterstützen wir die Bewegungsaktivität?
- Können wir Raum schaffen, um dem Bewegungsdrang der einzelnen gerecht zu werden?
- Wie können unsere Kindergartenräume den Kindern als Erlebnisfreiräume gerecht werden?

11.2 Eröffnung der Spielstraße und Zielvorstellungen

Als der Anbau weiterer Gruppen bei uns abgeschlossen war, hatte die Einrichtung nun fünf Gruppen à 25 Kinder, die je von einer Erzieherin und einer Kinderpflegerin betreut wurden (38,5 Stunden wöchentlich). Drei Gruppen sind im Altbau untergebracht, der im Jahr 1977 bezogen wurde. Eine Gruppe im Altbau bekam eine zweite Ebene eingebaut. Der Neubau ist mit Galerien ausgestattet, welche die Kinder nach ihren eigenen Vorstellungen und Wünschen verändern können. Nun stand uns zusätzlich zur Eingangshalle eine erweiterte Eingangshalle zur Verfügung, welche nach dem Rohbau zweckgebunden als Bewegungsbaustelle ausgebaut wurde (65 qm). (Kap. 11.6)

Ein schöner, heller und breiter Flur steht uns zur Verfügung, den wir in unsere Arbeit voll einbeziehen wollen. Ich sah nun einen langersehnten Traum in Erfüllung gehen: Der Sitzkindergarten wird zu einem Bewegungskindergarten. Nun war es soweit!

Da ich in der Planung ein sehr großes Mitspracherecht hatte, machte ich mir sehr viele Gedanken darüber und wälzte viele Bücher. Für mich stand eines im Vordergrund: *„Mehr Spielraum schaffen. Raus aus den kleinen Gruppenräumen (2qm pro Kind). Die dadurch hervorgerufenen Aggressionen und Spannungen abbauen!“*

Und nun, da es soweit war, wurden folgende Ziele festgelegt:

- Der Bewegungsdrang lebhafter Kinder soll nun ausgelebt werden.
- Die Spielstraße kann auch zur Entspannung dienen: einfach mal gucken, durchlaufen, schauen, was andere machen, schauen, wo vielleicht die Freunde spielen.
- Ruhige Ecken laden zu konzentrationsfördernden Spielen

ein (Schiff als Leseecke, Zuordnungsspiele etc.).

- Sie soll ein Entwicklungsangebot für Eigenverantwortung und Selbständigkeit sein.
- Spaß an der Bewegung erleben.
- Kreativität und Phantasie beim Entwickeln der verschiedenen Spielideen.
- Möglichkeit, die kindlichen Spielfähigkeiten zu erweitern.
- Die Kinder sind gefordert, neue Verhaltensmöglichkeiten zu erproben.
- Konflikte und Probleme selbständig lösen.
- Wichtig für uns ist es, daß Kinder lernen, ein Spiel bis zum Ende durchzuhalten (was sich auf die spätere Arbeitshaltung auswirkt).

11.3 Regeln und Strukturen der Spielstraße

Spielzeiten in der Spielstraße:
vormittags von 8 Uhr 30 bis 11 Uhr 45
nachmittags von 14 bis 16 Uhr
Diese Zeiten sind bestimmt durch die Bring- und Abholzeiten der verschiedenen Gruppen. Aus jeder Gruppe übernimmt eine Person für einen Tag in der Woche den „Spielstraßendienst“. Die Begleitung der Kinder ist für uns sehr wichtig, denn die Hauptaufgabe des Verantwortlichen ist die Beobachtung. Aus ihr können Hilfestellungen, Impulse, Anregungen erwachsen. Ein Erwachsener greift die Ideen der Kinder auf und macht aktiv mit.

Wieviele Kinder dürfen wo spielen?
Bewegungsbaustelle im Eingangsbereich (Kap. 11.6):

Es dürfen zwei Kinder aus jeder Gruppe in die Bewegungsbaustelle, d.h. insgesamt spielen dort zehn Kinder. Möchte ein Kind aus einer Gruppe dort spielen, schaut es nach, ob schon zwei Kinder aus seiner Gruppe spielen. Wenn ja, kennt es die Regel: es sucht einen neuen Spielbereich.

Wir Erzieherinnen brauchen kaum noch einzugreifen, denn die Regeln sind von den Kindern erstellt und werden meistens eingehalten. Klappt es nicht, greifen wir auf sie zurück und erinnern daran: „Ihr wolltet es doch so, ihr habt es doch festgelegt!"

Platz zum bildnerischen Gestalten, Werken:
Es können bis zu zehn Kinder, oft nur sechs Kinder mitmachen, was sich nach den Stühlen richtet. Sind die Stühle besetzt, sucht sich das Kind einen anderen Bereich.

Für die anderen Bereiche gilt:
Frühstücksecke: drei Kinder aus jeder Gruppe
Funktionsecke I: vier Kinder
Praktische Wand: zwei Kinder
FunktionszeltII: höchstens sechs Kinder

11.4 **Praxisteil** – *Auszug aus einem Elternbrief*

Wichtige Informationen!!!

Wir schaffen neue Spielräume – Freiräume für unsere Kinder.

Unser Kindergarten steht auch weiterhin in einem Entwicklungsprozeß, bei dem es vorwärts, aber auch rückwärts geht. Viele Probleme sind noch ungelöst, einige sind bewältigt. An deren Stelle werden neue treten, die wir bearbeiten müssen. Die Gruppenräume werden weiterhin mit den bekannten Namen geführt.

NEU: Die Halle bzw. die Eingangshalle wird für kindliche Aktivitäten zur Verfügung gestellt. Sie soll sich immer wieder *verändern*!

Im Moment sind folgende Bereiche geplant:

1. *Tischgruppe* mit Schwerpunkt Basteln, Malen, Werken. Es können sich immer zwei Kinder aus jeder Gruppe beteiligen. Von einer Erzieherin wird ein Thema, jeweils eine Woche lang, angeboten.

2. *Bewegungsbaustelle* Die Idee der Bewegungsbaustelle beruht darauf, daß sie zum größten Teil nicht aus fertigen Materialien besteht, die nur bestimmte Spielabläufe gestattet, sondern daß die Kinder mit den halbfertigen Gegenständen ihre Bewegungsabläufe bestimmen können. Die Erzieherin-

nen geben den Kindern keine Aufgaben, Anleitungen und Übungen vor, sondern die Kinder können frei aus dem Angebot auswählen, wie und womit sie sich beschäftigen wollen.

3. Knopfzelt Diese Einrichtung soll mehr oder weniger ein Aktionszelt sein; immer wieder wird neues Material angeboten unter dem Motto: „Kinder müssen – wieder – spielen lernen, damit sie spielend lernen können."

Neue Lernprozesse werden durch das erweiterte räumliche Angebot erreicht. Der gesamte Kindergarten soll unter Wahrung der *Aufsichtspflicht* der Erzieherin als Lern- und Erfahrungsbereich für das Kind zur Verfügung stehen. Die Aufsicht der Kinder wird von einer Erzieherin bzw. einer Kinderpflegerin übernommen. Sie soll sich als Partnerin der Kinder verstehen, auch mit und vom Kind lernen und nicht nur für Kinder lernträchtige Situationen schaffen. Nur durch gemeinsames Erleben können wir Erfahrungen vermitteln, die das Selbstbewußtsein der Kinder fördern.

In diesem Sinne hoffen wir auf ein gutes Gelingen unseres Vorhabens.
Ihr Kindergartenteam

11.5 **Praxisbeispiel:** Wir bewohnen unser Haus

A Werkecke zum bildnerischen Gestalten

Fragen, die uns beschäftigten:

Müssen alle Kinder die gleichen Bastelangebote mit nach Hause nehmen? Muß jedes Kind alles machen, was angeboten wird? Brauchen wir dazu Schablonen, Muster oder Vorlagen, oder geht es auch anders?

Nach einigen Überlegungen und Beobachtungen stellten wir sehr schnell fest, daß es für das Kind überhaupt nicht wichtig ist, etwas Erkennbares zustande zu bringen. Ein wichtiger Vorsatz wurde gefaßt:

„Bestätigungen für die Eltern zu schaffen, indem das Kind eine akkurate, ausgefeilte Bastelarbeit mit nach Hause trägt, müssen abgebaut werden. Wichtig ist es, unser Handeln den Eltern pädagogisch zu begründen."

B Frühstücksecke I und II

Kinder treffen sich aus verschiedenen Gruppen. Aus jeder Gruppe können drei Kinder (verzierter Bierdeckel umhängen, damit die Erzieherin weiß, wieviele Kinder unterwegs sind) zum Essen gehen. Sie nehmen Teller und Tasse mit, schenken sich Tee ein, spülen ihre Utensilien in der jeweiligen Gruppe. Der Platz muß sauber verlassen werden.

C Bewegungsbaustelle

Ein bedeutsamer Prozeß war die Errichtung der 65 qm großen Bewegungsbaustelle. Die Idee der Bewegungsbaustelle beruht darauf, daß es keine fertigen Materialien sind, die nur bestimmte Spielabläufe gestalten, sondern, daß die Kinder mit den halbfertigen Gegenständen ihre Bewegungsanlässe selbst schaffen.

D Funktionsecke und Funktionszelte

Sie stehen unter dem Motto: Unsere Kinder müssen wieder spielen lernen, daß sie spielend lernen können.

Das Spiel ist die Leistung des Kindes. Entwickelt das Kind seine Spielfähigkeit, so entwickelt es zugleich die Grundlagen für seine spätere Leistungsfähigkeit. Spielen bedeutet für das Kind arbeiten.

Aus meiner langjährigen Praxis kann ich immer wieder in Elterngesprächen anführen: „Ein Kind, welches schön und intensiv spielen kann, bekommt keine Probleme in der Schule und im späteren Leben."

E Praktische Wand

Hier können die Kinder ihre Fingerfertigkeit trainieren. Zum Üben sind Kleidungsstücke mit Reißverschlüssen, Knöpfe, Schuhe mit Schnürsenkeln und mehr angebracht.

Es gibt zwei Eßdielen für das gleitende Frühstück. Die Kinder wollen alleine sein, auch mal ohne Aufsicht. Es ist eine gemütliche Atmosphäre.

Unsere Bewegungsbaustelle

Knopfzelt: Ungestört können 3 bis 4 Kinder mit einem Karton voller Knöpfe und dünnem Draht Muster legen, Ketten einfädeln oder sortieren.

Praktische Wand: Hier kann das Anziehen, Binden von Schnürsenkeln u.a. geübt werden.

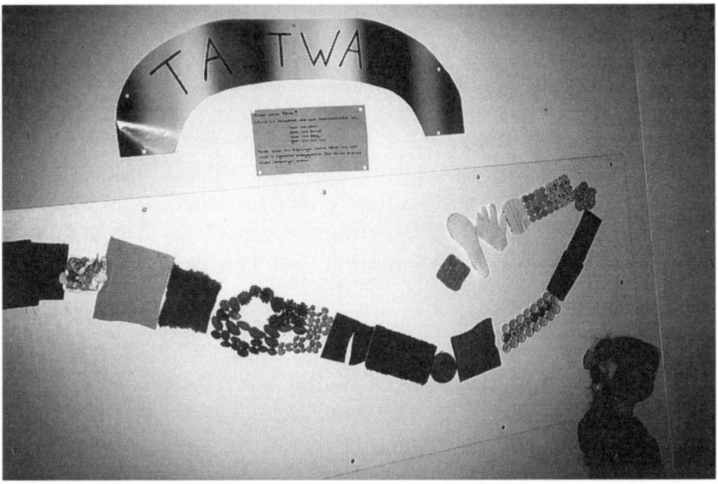

Verschiedene Materialien zum Ertasten werden mit den Kindern gesammelt und aufgeklebt. Sehr oft sind Kinder hier, fühlen, ertasten Dinge, versuchen, sie den anderen zu beschreiben.

Kinder brauchen Rückzugsmöglichkeiten, ohne daß wir alles mitbekommen.

11.6 Bewegungsbaustelle

Was ist daran so wichtig für uns und die Kinder?
Warum ist so etwas wie eine Bewegungsbaustelle überhaupt notwendig? Wozu ist sie gut?

Im Grunde genommen wurde die Bewegungsbaustelle (Klaus Miedzinski, Verlag modernes lernen, Dortmund) als Alternative zu den Turnstunden entwickelt. Sie soll den Kindern natürlichere Möglichkeiten für Bewegung bieten als der angeleitete Turnunterricht.

Merkmale der Bewegungsbaustelle:
Eine Bewegungsbaustelle läßt sich sowohl drinnen als auch draußen einrichten. Die Idee der Bewegungsbaustelle beruht darauf, daß es wenige vorgefertigte Materialien sind, die nur bestimmte Spielabläufe gestatten, sondern daß die Kinder mit den halbfertigen Gegenständen ihre Bewegungsanlässe selbst schaffen. In aktiver Auseinandersetzung mit den Gegenständen können die Kinder dabei mehr über deren Eigenschaften und Handhabungen sowie über ihren eigenen Körper erfahren. Ein wesentliches Grundprinzip besteht darin, daß die Erzieherinnen den Kindern keine Aufgaben, Anleitungen oder Übungen vorgeben, sondern die Kinder frei aus dem Angebot auswählen können. Sie suchen sich in der Regel die Tätigkeit heraus, die ihrem augenblicklichen Entwicklungsstand entspricht; sie versuchen, den Schwierigkeitsgrad zu finden, den sie gerade bewältigen können.

Die teils von Eltern oder Baufirmen gestifteten Materialien sind:

Kabelröhren, Drainagerohre, Bretter, Hölzer, Balken, Dachlatten, Holzklötze, Kisten, Leiter, Autoreifen, Schläuche, viele Matratzen, Decken, Abtrennungen, Baublöcke, Stangen, Klettervorrichtungen.

Das Material wird anhand unserer Beobachtungen innerhalb von sechs bis acht Wochen ausgetauscht, es darf nicht allzuviel angeboten werden.

Wir müssen nur auf die Kinder sehen, hören und offen sein für ihre Bedürfnisse!

Wir haben sehr fasziniert diesen neuen Ort beobachtet und konnten feststellen,

wie die Kinder Risiken einschätzen,
wie sie Materialien kennenlernen und verschieden einsetzen,
wie sie miteinander bauen und Bewegungsabläufe konstruieren,
mit welcher Bewegungssicherheit die Kinder spielen und turnen.

Wenn wir den Kindern Raum und Zeit zur Verfügung stellen, brauchen wir ihnen nicht zu zeigen, wie sie sich bewegen sollen.

links
Wir brauchen den Kindern nicht zu zeigen, wie sie sich zu bewegen haben, sondern müssen ihnen Raum und Material geben.

Mit welcher Bewegungssicherheit sie spielen und Materialien einsetzen.

Mit den halbfertigen Dingen bauen sie ganz eigene Räume, die neue Bewegungsabläufe zulassen.

12 Alternativer Außenspielplatz

Auch unser Spielplatz verändert sich mit unserer Arbeit und ganz gleich, wo wir ansetzen, beruht dieser Veränderungsprozeß auf unseren Beobachtungen. Mit der veränderten Arbeitsweise stellt sich für das Erzieherinnenteam nun die Frage:

Wie kann ich Situationen schaffen, in denen die Kinder selbst tätig werden können?

Diese läßt sich im einzelnen so aufgliedern:
- Was kann ich verändern?
- Was müßte ich sein lassen?
- Was kann ich ihnen zumuten?

Was heißt es, neue Freiräume zu schaffen, damit sie
- selbst entscheiden,
- selbst entdecken,
- selbst erfahren können?

Die Veränderungen und Neugestaltungen sollen
- von den Interessen der Kinder ausgehen,
- eigene Erkundungen der Kinder zulassen,
- vom Wissensstand der Kinder ausgehen.

Situationsanalyse – Bestandsaufnahme:
Als erstes wurde eine Bestandsaufnahme zur Ausstattung des Außengeländes vorgenommen:
- drei Sandkästen (davon einer überdacht),
- Rutschbahn,
- Gartenhaus als Spielhaus eingerichtet,
- Blockhütte,
- Balancierbalken,
- alter Baumstamm,
- Tische zum Verstellen,

- Wasserhahn, Wasseranschluß,
- Hügel,
- Bäume, Sträucher, Gebüsch, Beete, Nutzgarten,
- Autoreifen,
- Naturhaus,
- Wippe.

Nächste Frage:
Welche Spielmöglichkeiten haben die Kinder auf unserem Spielplatz?

Die Frage war schnell beantwortet: Sie können rutschen, balancieren, wippen, mit Sand spielen, teils Rollenspiele in den Häusern machen. Ein wirkliches spontanes Spiel, welches sich ergeben könnte, kann nur *sehr begrenzt stattfinden.*

12.1 Überlegungen und Zielvorstellungen des Erzieherinnenteams

A Warum brauchen wir einen Spielplatz?

- Die freie Entfaltung des Kindes wird gefördert.
- Das Kind kann direkte Erfahrungen mit der Natur und dem Umfeld machen.
- Kinder lernen, indem sie aktiv werden, sich betätigen und sich handelnd die Welt erobern.
- Bewegungs- und Freiräume sind eine Herausforderung für vielfältige Körpererfahrungen.
- Eine anregende und interessante Umwelt ermöglicht das vielfältige, spontane Handeln und Tun.
- In den Freiräumen können individuelle Bedürfnisse ausgelebt werden.
- Durch diese großzügigen Freiräume entstehen neue, gruppenübergreifende Spiele.
- Es ergeben sich Möglichkeiten für die Erzieherin, das Spiel aktiv zu beobachten und zu begleiten.

B Wie hat sich die Sichtweise mit der neuen Arbeit verändert?

Die Erzieherin weiß mittlerweile, wie wichtig das Loslassen ist, und muß jetzt die Erfahrungen aus der Bewegungsbaustelle und der Spielstraße erweitern und neue Maßstäbe für das Spiel auf dem Spielplatz setzen. Das ständige Kontrollieren und Suchen der Kinder nervt die Kinder sehr oft und hemmt den natürlichen Spielablauf. Das Erzieherinnenteam fühlt sich für alle Kinder verantwortlich, aus jedwelcher Gruppe. Spielen die Kinder in dem Bereich, in welchem eine Erzieherin anwesend ist, wird diese als Ansprechpartnerin betrachtet. Die besonderen Bedürfnisse und Fähigkeiten der Erzieherin können hier zum Tragen kommen. Wenn eine Kollegin beispielsweise gerne mit Ton arbeitet, kann sie unter Absprache ihren Bereich gestalten und betreuen. Liegen ihr die Matschspiele überhaupt nicht, kann sie diese abgeben, da andere Kolleginnen Spaß daran haben. Aus dieser Arbeit mit Kindern hat das Team gelernt, wie wichtig es ist, sich in die Situation der Kinder zu versetzen, sozusagen die Welt aus der Sicht der Kinder zu sehen.

Die Erkenntnis, daß der Bewegungsdrang der Kinder nicht an dem der Erwachsenen gemessen werden kann, ist sehr wichtig.

C Wo bleibt die Aufsichtspflicht?

Die Erziehung eines Kindes zur Selbständigkeit und Eigenverantwortung und der Aufbau eines gesunden Selbstwertgefühls wird immer auf Grenzen stoßen. Wir kennen Kinder viel zu gut, um nicht zu wissen, daß einige unselbständig und unerfahren sind und daß sie dadurch sich selbst oder andere in Gefahr bringen. Nach langen Diskussionsrunden trat die Angst vor der Verletzung der Aufsichtspflicht immer mehr in den Hintergrund. Erst jetzt konnten wir eine freizügige Nutzung unseres Spielplatzes gewähren. Dabei erfuhren wir folgende Erkenntnisse neu:

- Spontanes Spiel draußen bedeutet auch, daß Geräte und Gelände so benutzt werden, daß gefährliche Situationen entstehen können.
- Hinweise auf die Gefahrenstellen, die beim Umgang mit Geräten, dem Gelände oder den Spielsachen entstehen können, sollen den Kindern bewußt gemacht werden.
- Den Umgang mit diesen Gefahren müssen die Kinder selbst lernen. Aufsicht ist nötig, und die Erzieherin soll als Ansprechpartnerin für die Kinder jederzeit erreichbar sein.

So wünsche ich mir unseren Garten!

D Die unterschiedlichen Funktionsbereiche

a) Beweglichkeit

- Reifenschlange
- Hartplatz für Fahrzeuge
- Platz zum Rennen und Toben
- Kletterbaum
- Findlinge und verschiedene Gesteinsarten
- Baumstämme bzw. Baumwurzeln
- Rutsche

b) Geschicklichkeit

- Kletterhaus
- Balancedreieck
- Kisten
- Baumaterial: Rohre, Drainagerohre, Bretter, Rundhölzer, Plastikwanne, Eisenbahnbohlen, Balken
- Platz, auf dem die Kinder etwas bauen/herstellen können

c) Sinneserfahrungen

- Kräutergarten
- Duft-, Blütenhügel
- Klangstraße
- Tastpfad
- Naturhaus
- Matsch-, Wasserspielplatz mit Wasserstelle (von den Kindern bedienbar)

d) Rückzugsmöglichkeiten

- natürliche Spielräume, wie z.B. Versteckmöglichkeiten, Unterschlupf in Hecken und Sträuchern oder unter hängenden Zweigen
- Tunnel oder Höhlen, Röhren zum Durchkriechen und Verstecken oder fürs Rollenspiel
- Zelte, die Kinder selbst ausgestalten können
- Spielhaus

12.2 Was wollen und brauchen unsere Kinder?

In mehreren Gesprächsrunden versuchten wir, den Kindern eine Neugestaltung und Umgestaltung schmackhaft zu machen. Sie wurden gefragt und angeregt, zu überlegen:

Was können bzw. möchten wir auf unserem Spielplatz spielen?

Fehlt uns etwas zum Spielen?

Was können wir noch gebrauchen?

Es war für die Kinder wichtig, daß sie mit ihren Ideen ernst genommen wurden. Wir ließen die Kinder, die es wollten, ihren „Traumspielplatz" malen, töpfern oder basteln. Die Vorschläge zeigten wenig Geräte, vorgefertigte Klettergeräte und Spielgeräte. Das Hauptthema war eindeutig das Spiel mit Wasser, Sand und Matsch.

12.3 Eltern für die Mitarbeit gewinnen

Wir veranstalteten einen Elternabend zum Thema Außenspielplatz, dessen Protokoll ich wiedergeben möchte, um zu zeigen, daß Überzeugungsarbeit notwendig ist und sich lohnt: die Eltern wurden zu kooperativen Partnern.

Im Team wurden zwei Schwerpunkte festgelegt, die an diesem Abend mit den Eltern erarbeitet werden sollten:

Das Außenspielgelände soll eine Erweiterung des Wohnfeldes bedeuten.

Bei den Eltern sollen keine Schuldgefühle aufkommen, wenn Kindern keine Freiräume zum Spielen, kein Garten zum Toben zur Verfügung steht.

1. Punkt:
Im Brainstorming-Verfahren dachten die Eltern nach zum Stichwort:
Was fällt Ihnen zum Wort Spielplatz ein?
Es wurden genannt:

- Rutsche
- Schaukel
- Sand
- Klettergerüst

- Wippe
- Karussell
- Tiere zum Wippen
- Bänke, Tische
- Bäume und Sträucher

2. Punkt:
Danach sollten die Eltern sich auf eine Reise zurück in ihre Kindheit begeben, sich zurückversetzen, wie sie selbst als Kind gespielt hatten.

Wo, was und mit wem habe ich gespielt?

Es waren 30 Minuten zum Sammeln und Austauschen von Erfahrungen geplant. Die vielen Kindheitserinnerungen führten zu einem lebhaften Gespräch, das wir nur mit viel Mühe unterbrechen konnten. Die Eltern hatten die „eigene Kindheit laut überdacht":

„Weißt Du, wir aus der Maingasse haben vor dem Tor Matsch gemacht, Kuchen gebacken und verkauft."

„Auf dem Aschenhügel unter dem großen Nußbaum haben wir Mutter und Vater gespielt."

„Am liebsten habe ich unter den Brücken und im Straßengraben gespielt – da konnte uns niemand sehen, keiner hat uns gestört."

Auch den Eltern wurde deutlich, daß sie als Kind niemals so gut behütet wurden, wie die Kinder heute, wie wir als Erzieherinnen und sie als Eltern es eben machen. Alle konnten unkontrolliert spielen, viel unbekümmerter als unsere Kinder.

„Die Zeiten haben sich verändert."

„Wo sollen die Kinder heute noch so spielen wie damals?"

„Wie schön hatten wir es", meinte eine Mutter.

„Ja, Sie hatten es schön", griff eine Erzieherin auf und führte zur Überleitung:

„Könnten wir vielleicht versuchen, unseren Kindern solche Spielmöglichkeiten zu bieten?"

Sehr schnell wurde erkannt, daß wir und die Eltern viel zu ängstlich sind, daß wir Probleme haben, das Kind loszulassen. Den Eltern wurde deutlich, daß wir diese Freiräume für unsere Kinder wiederherstellen könnten, wenn wir sie buddeln, wühlen lassen und ihnen die Möglichkeit geben, ihre

Spielsachen selbst auszusuchen. Die Spielplätze sind alle vom TÜV abgenommen, abgerundet, genormt, vorgeebnet und von Gefahrenquellen möglichst befreit.

FAZIT:
Es sollten einige Gefahren belassen oder eingebaut werden, die Kinder erkennen müssen und selbst erproben dürfen.

3. Punkt:
Was brauchen unsere Kinder also auf ihrem Spielplatz?

Es brauchte nur aufgezählt werden, wovon sie zwei Stunden geschwärmt hatten:

Wasser, Matsch, alte Töpfe, Rohre, Sträucher, Büsche, unter denen die Kinder unbeaufsichtigt spielen können, ein Baumhaus zum Klettern.

FAZIT DER ELTERN:
Wir brauchen keine teuren Spielsachen oder Spielgeräte, sondern ganz einfache Dinge und Möglichkeiten zum Spielen.

Die „Traumspielplätze", die die Eltern aus den fünf Gruppen gestaltet hatten, ähnelten sich sehr und sollten als Modell für unsere Umgestaltung dienen. Die Eltern waren begeistert, und zu fortgeschrittener Stunde mußten sie sich schweren Herzens für eine Version entscheiden.

Rückmeldung einer Mutter:

„Dieser Elternabend war so gut vorbereitet! Ihr habt genau gewußt, was die Kinder brauchen, eure Ziele waren so eindeutig formuliert, daß wir gar nicht anders reagieren konnten. Es war einer meiner schönsten Elternabende!"

12.4 Eltern übernehmen mit den Kindern die Umgestaltungsarbeiten

Alle Eltern wurden nachträglich über das Arbeitsergebnis des Elternabends und über unser Vorhaben informiert. Dann begann schrittweise die Verwirklichung.

Bei einer ersten Ortsbesichtigung schauten wir anhand unseres Modells nach dem richtigen Platz, an dem wir jeweils bauen könnten. Wir waren uns einig, daß wir einen Bereich nach dem anderen einbauen würden. Zu bedenken war auch, daß die Eltern nicht zu sehr beansprucht würden.

Der erste Schwerpunkt wurde gesetzt: Wasser-Matsch-Bereich

Ein Vater übernahm die Leitung, Organisation und Durchführung. Es wurden drei Termine gesetzt und jeder konnte sich eintragen, wann es ihm möglich war, mitzuhelfen.

Nachdem über 70 Personen sich aktiv beteiligten, wurde noch eine Riesenschlange aus Autoreifen aufgestellt, eine Schaukelecke bepflanzt und verschiedene Zeltvorrichtungen errichtet.

Es hat allen Eltern, Kindern und dem Erzieherinnenteam einen Riesenspaß gemacht!

Jedes Jahr wird ein neuer Schwerpunkt gesetzt, der mit den Eltern geplant und durchgeführt wird.

Das erste Baumaterial für die Umgestaltung des Außengeländes dürfen die Kinder besorgen. Es sind kleine Steine zum Pflastern des Brunnens.

Obwohl es ein verregneter Tag war, haben wir angefangen. Die Maschinen standen bereit, und die Eltern mit den Kindern trafen zur Gartengestaltung ein.

Kinder brachten Wasser, Sand mit dem Schubkarren und waren immer dabei – sie wurden nicht ausgegrenzt.

Gewundert haben sich die Männer, daß Frauen so toll pflastern können.

Nächste Woche ging es weiter. Die festgeschraubten Reifen dürfen die Kinder jetzt anmalen.

13 Einige Worte zum Schluß

„Es gehört zu den menschlichen Grunderfahrungen, daß die großen und beglückenden Dinge des Lebens zwar vielleicht nicht ohne Anstrengung, aber dennoch nicht nur durch diese Anstrengungen zustande kommen, sondern daß sie uns nur zuteil werden, wenn wir sie als ein Geschenk zu nehmen vermöchten."

(Josef Pieper)

Diesen Gedanken hielt ich mir oft vor Augen, nahm mir den Spruch abends als Lektüre und betrachtete meine Situation. Ich reflektiere, hinterfrage oft – vielleicht zu oft – mein ganzes Tun. Aus meinen Erfahrungen kann ich diesem ausdrucksvollen Satz nur zustimmen. Auch bei mir ging diese Veränderung nicht ohne Anstrengungen vor sich, aber wenn der Rahmen nicht im Großen gestimmt hätte, wäre diese Entwicklung nur zögernd vorangeschritten.

Es war bestimmt kein gerader Weg, den wir da eingeschlagen haben, auch hatten wir viele Hürden zu bewältigen. An dieser Stelle möchte ich an erster Stelle meinem Team ein großes Lob und Dankeschön aussprechen, das bereit war, diesen Prozeß mitzumachen. Für die Offenheit, die Bereitschaft und das Verständnis, das alle Beteiligten aufbrachten, nochmals herzlichen Dank. Auch unserem Träger, der uns das Vertrauen schenkte und immer hinter unserer Arbeit steht, gilt heute mein Dank.

Schlußbemerkung:
Das Buch ist von einer Praktikerin geschrieben und wendet sich auch an solche, somit spricht es auch die SPRACHE DER PRAXIS. Ich hoffe, daß es im Kindergartenalltag als Anregung für Teamgespräche und Veränderungsprozesse eingesetzt werden kann.

Ihre
Hilde Kappesz

Literatur

Becker-Textor Ingeborg, Kreativität im Kindergarten – Anleitung zur kindgemäßen Intelligenzförderung im Kindergarten, Freiburg [4] 1993

Bort-Gsella Wolfgang, Räume gestalten – Spielräume schaffen, Münster 1992

Deißler Hans H., Der neue Kindergarten. Freiburg [5] 1992

Einsiedler Wolfgang, Das Spiel der Kinder – Zur Pädagogik und Psychologie des Kinderspiels, Bad Heilbrunn 1991

Fritz Jürgen, Theorie und Praxis des Spiels, München 1991

Hederer Josef, Spannungsfeld Erziehung, München 1993

Hoffmann Monika, Zusammenleben im Kindergarten – Dynamische Prozesse zwischen Kindern, Eltern und Erzieherinnen, München 1992

Krenz Armin, Entwicklung und Lernen im Kindergarten – Psychologische Aspekte und pädagogische Hinweise für die Praxis, Freiburg 1994

Miedzinski Klaus, Die Bewegungsbaustelle. Kinder bauen ihre Bewegungsanlässe selbst, Dortmund [4] 1991

Zimmer Renate, Handbuch der Bewegungserziehung, Freiburg 1993